新潮文庫

ブラックマネー

―「20兆円闇経済」が日本を蝕む―

須田慎一郎著

まえがき

二〇〇八年夏――。ＪＲ池袋駅東口から、駅前の雑踏をかき分け、夏休みの親子連れでにぎわうサンシャイン60通りに入る。首都高速五号線の高架下を抜けてさらに歩き続けて、春日《かすが》通りの横断歩道を渡った先で、しばらく、地図を片手に辺りを探し歩いて、ようやく目的の住所にたどり着いた。

そこは何の変哲もない雑居ビルだった。

少々古ぼけた片開きのドアから薄暗い玄関ホールに入り、傍らに設置されたテナントの郵便受けをチェックしてみる。

「あった」

そこには小さい文字で「Ａ社」という社名が書かれた紙片が貼《は》ってあった。のみならず、同じ郵便受けには他にも同じような小さい文字で十数社もの会社名がズラリと並んでいた。

「やっぱりな」

おそらく、どれも典型的なペーパーカンパニーであるに違いない。

筆者が訪ねたA社という会社は、この春に発覚したある事件の舞台となった不動産を実質的に所有している会社だ。

その事件とは、東証二部上場の中堅不動産会社スルガコーポレーションから、東京千代田区の秀和紀尾井町TBRビルの地上げを依頼された大阪市の光誉《こうよ》実業という不動産会社が、弁護士資格がないのにテナントの立《た》ち退《の》き交渉を行なったとして、二〇〇八年三月に弁護士法違反容疑で光誉の社長ら十二人が逮捕されたものだ。

事件の詳細については後の章で触れるとして、要点だけを述べておくと、実は光誉実業は山口組系の有力暴力団の企業舎弟だといわれる会社だったのである。この事件の発覚により、〇七年夏あたりまで続いていた東京都心部のミニ不動産バブルの中で、上場企業が反社会的勢力に地上げを依頼するという、かつてのバブル時代に頻繁に見られた表経済と闇《やみ》勢力の癒着の構図が復活していたことが、白日の下に晒《さら》されたのである。

結局、事件をきっかけとして取引銀行から見放されたスルガ社は、〇八年に入って以降、鮮明になってきた不動産市況の低迷も相まって、六月に経営破綻《はたん》してしまう。

一方、光誉実業の手を借りて地上げを完了し、更地となった秀和紀尾井町TBRビルの跡地を〇七年九月にスルガ社から購入したのがA社だった。

その転売価格は約三六五億円と言われているが、実際には遥《はる》かに高額だったという情報もある。いずれにせよ、東池袋の雑居ビルの一室に拠点を置く有限会社にはあまりに不釣り合いな取引だといえよう。

種明かしをすれば、前述した通り、A社は典型的なペーパーカンパニーに過ぎない。その真の持ち主は、アーバンコーポレイションという東証一部上場の新興不動産会社なのである。

筆者の手元に、A4判の紙一枚にまとめられた、三十社ほどのリストがある。これは、アーバン社と取引があるメガバンクがまとめた、同社のペーパーカンパニーのリストだ。それぞれの会社はA社と同様に、数十億円から数百億円規模の不動産を所有していると見られる。

その中の数社は東池袋の雑居ビルの郵便受けにA社と並んで記されていた会社だ。

それで、筆者は郵便受けをチェックしたときに「やっぱりな」と呟《つぶや》いたのである。同時に、こういう光景も筆者にとっては妙に既視感のあるものだった。

それは、九〇年代後半の金融危機の中で経営危機を叫ばれていた日本債券信用銀行（現・あおぞら銀行）の取材をしていた時のことだ。同行の本店のあった九段下界隈《かいわい》の裏手のいくつかの雑居ビルに無数のペーパーカンパニーが置かれ、そこに巨額の不良債権が飛ばされ、塩漬けにされていたのである。すべては本体である日債銀の財務状況をごまかすためのトリックに過ぎなかった。結局、それからしばらくたった、九八年十二月に日債銀が経営破綻したことは、読者もご存知の通りだ。

A社をはじめとするペーパーカンパニーも、日債銀のケースと同様に問題案件の飛ばし先だと見て間違いない。都心部のミニバブルの中でさらなる高騰《こうとう》を見込んで不動産を高値づかみしたものの、下落に転じたことで、塩漬けにせざるを得なくなってしまったのだろう。

もし、ミニバブルが続いていれば、それぞれの不動産はまさに「金の卵」になったのかもしれない。しかも、それは単純に値上がりを見込むという旧来のやり方ではない。このプロセスで活用されるのは「証券化」や「不動産ファンド」などの金融ノウハウである。

そして、そこにはバブル崩壊以降に起こった世界的な銀行ビジネスのスタイルの変化が反映されている。

いまや銀行がバランスシートを膨らませてビジネスを拡大していく、つまり、預金高と貸出残高を増やしていくというのは、すっかり旧態依然とした、古いビジネスモデルとなってしまった。バランスシートを膨らませていくと、不良債権が発生したときに銀行経営は一気に危機に陥ってしまうし、自己資本比率規制の影響で巨額な資産に見合った自己資本を抱える必要も出てきてかなりのコストがかかるからだ。

こうしたリスクやロスを極限まで省いていくことが、金融界の最先端のビジネスモデルといわれており、そのトップランナーが米国の投資銀行ゴールドマン・サックスなのである。

最先端の銀行ビジネスの実態を描くのが本書の趣旨ではないから、この辺りで話を元に戻すが、こうした金融界の流れの中で資産活用の一環として日本でも盛んに用いられるようになったのが、「証券化」や「不動産ファンド」などの金融ノウハウだった。

特に不動産ファンドの一種である「ＲＥＩＴ（不動産投資信託）」は、ここ数年の都心部の地価高騰を演出した立役者だといわれている。

ところが、不動産ブームがミニバブルへと膨らんでいく中で、ＲＥＩＴの実態も大きく様変わりしていった。そもそも、ＲＥＩＴは賃料収入など不動産から得られる運用益を投資家に分配するというものだったが、ＲＥＩＴ自体が上場されて公開株のように不特定多数の投資家による取引の対象となっているため、次第に投機的な要素が強まっていったのである。

ＲＥＩＴを売り出す側も、上場に際して人気を出すために、なるべく投資家の目を引くような不動産を組み込もうとするようになった。

「不動産業界ではこれを『ハク付け』、『化粧を施す』などと呼んで、ＲＥＩＴを組成する際には盛んに行なわれていた。アーバン社など新興不動産会社は都心の一等地の不動産をあえて高値づかみしていたようですが、おそらくＲＥＩＴや不動産ファンドを組成する際に〝目玉〟にするためだったと思われます」（不動産会社役員）

ところが、肝心のＲＥＩＴ市場が〇七年秋以降、大幅に下落してしまった。そのために行き場を失った不動産は、前述したようなペーパーカンパニーに塩漬けされることになってしまったというわけだ。

そして、〇八年に入ってからの本格的な不動産価格の下落や、さらに暴力団が絡《から》んだスルガ社の事件が発覚したことも相まって、銀行からの新興不動産会社への融資は一気に引き揚げられていくようになった。その結果、アーバン社の資金繰りも急激に悪化し、八月に入って経営破綻に追い込まれた。負債総額は〇八年最大規模の二五五八億円に達した。

今後、秀和紀尾井町TBRビルの跡地がどうなっていくのかは不明だが、錯綜《さくそう》していた賃借関係が整理され更地となったことで、大手の老舗《しにせ》デベロッパーが漁夫の利を得る形で再開発に乗り出す可能性が高いのではないだろうか。

(※二〇一〇年六月現在、秀和紀尾井町TBRビルの跡地は駐車場のままで、再開発計画は進んでいない。また、アーバン社が破綻したにもかかわらず、依然としてA社の所有となっている。いわゆる「リーマン・ショック」後の世界同時不況で不動産価格が下落を続けていることにより、不良資産として塩漬け状態になっているようだ)

その意味ではスルガ社もアーバン社も、結局は大手に使い捨てられたといっても過言ではない。

こうして〇五年頃から始まった都心部のミニ不動産バブルは、完全に崩壊局面に入ったのである。

今回のミニバブル崩壊は、今のところ九〇年代初頭のバブル崩壊ほどの甚大《じんだい》な経済的ダメージをもたらすには至っていないようだが、そんな中で、もっとも大きな被害を受けたのは、金融機関や投資評論家に乗せられてＲＥＩＴを購入した一般投資家だろう。〇七年には日本の不動産市場で動くＲＥＩＴの総額はおおよそ五兆円程度といわれていたが、市場の暴落によりすでにその半分ほどが吹き飛んでしまった計算になる。少なく見積もっても数兆円規模の金が消えてしまったのである。

一般投資家がババを掴《つか》まされた一方で、ミニバブルでうまい汁を吸った連中も存在する。その一つは大口投資家を相手にした不動産ファンドだ。そもそも、大口とＲＥＩＴのような小口のファンドでは利回りは数倍の差があるのが一般的だった。さらに、大口ファンドが利益を叩《たた》き出すために、不動産を系列のＲＥＩＴに転売することも珍しくなかったという。

今回のミニ不動産バブルの最終局面でも、同様なことが起こっていたというのは、想像に難くない。

さらに、前述した光誉実業の背後に控える闇勢力も、勝ち組としてあげることができるだろう。もちろん、光誉自体は警察に摘発されているから勝ったとは言えないが、上納金という形で光誉から利益を吸い上げたと見られる暴力団は、まさに丸儲《まるもう》けといっても過言ではない。

多くの新興不動産会社は、従来の企業が扱わないような権利関係が錯綜した案件や、闇勢力が関わっている問題案件を解きほぐし、転売することで急成長し、利益を上げてきた。その中で闇社会との癒着というべき関係も生まれてきたと見られる。このような関係をベースとして都心部のミニバブルが膨らんでいくプロセスで、相当額が闇社会に吸い込まれていった可能性が高いのである。

エコノミストの門倉貴史《かどくらたかし》氏は日本の地下経済について、その総額は約二三兆円で、暴力団の非合法所得は約二兆円と推計している。筆者もアングラマネーが二〇兆円規模にまで膨張しているというこの分析は妥当だと考えているが、そのうちのかなりの部分に暴力団など闇勢力が何らかの形で関わっていると見ている。

ただし、金融ジャーナリストとして金融界と闇勢力がかかわる様々な事件を取材してきた立場から言えば、もはや暴力団マネーをどのくらいかと計量すること自体がナンセンスとすら思えるのである。

現在、年間数兆円規模に達していると考えられる暴力団マネーは、例えば新興株式市場などに投資されて、自己増殖を始めているからだ。その詳細については後の章で詳しく述べるが、仕手戦やインサイダー取引など不公正な取引が市場に蔓延《まんえん》。これに加えて、新興株式市場の相次ぐ誕生やベンチャー起業ブーム、インターネット株取引の拡大など、この十年ほどの間に新たに加わったファクターにより、新興市場は闇勢力のみならず「稼ぐが勝ち!」「優勝劣敗」を信条とする一部ベンチャー企業家達の〝打ち出の小槌《こづち》〟と化してきた。こうした弊害を一手に被《こうむ》るのは、またしても一般投資家なのである。

さらに言えば、暴力団マネーは普通の投資資金と違って、「損を認めないカネ」である。

つまり暴力団マネーは、「ノーリスク、ハイリターン」を絶対的な前提としているのだ。この種の資金が市場に入り込むということは、市場そのものを歪《ゆが》めていくことになると言えよう。もし、投資に失敗したとなれば、暴力装置が作動する可能性も高い。そのため、運用などを任されたファンドマネージャーなどは、イリーガルな手を使ってでも強引に利益を出そうとする。こうした圧力がますます市場を歪め、一般投資家の損は拡大していくことになる。

また、暴力団など闇勢力による経済活動の大きな特徴は、「機を見るに敏」ということだ。その時々の経済の動きを敏感に捉《とら》えて、新興証券市場から不動産へという具合に、儲かりそうな分野へと迅速に動き、そこでまた、自分たちがもっとも得意とする儲け方を見出《みいだ》す。

このダイナミズムにこそ、暴力団マネーの本質があると筆者は考えている。本書の執筆に際しては、そういう問題意識を常に持っていたつもりだ。

暴力団の経済活動は、いまや日本経済の根幹を揺るがしかねないほど膨張し、しかも、社会の隅々にまで影響を与えるまでに伸張している。このことがどんな問題を醸《かも》しているのか、現在の日本が抱えている危機の実相を知る上で、読者のお役に立てば幸いである。

目次

まえがき…………………………………………………………3

第一章　ヤクザマネーの奔流…………………………………23
裏カジノとトレーディングルーム
恐るべき「情報力」と「資金力」
「マフィア化」した暴力団
ますます巧妙に偽装される「フロント企業」
〝追い風〟となった新自由主義
経済に表も裏もない時代
ようやく闇勢力への反撃体制は整ってきたが……
復活する闇社会と表経済の癒着
クローズアップされた「共生者」
一般人と暴力団のボーダレス化

第二章　不動産ミニバブルの影で跋扈した闇勢力……77
有名料亭の奇怪な土地売却話
五〇坪の土地をめぐる争奪戦
青山路上刺殺事件の背景
土地バブルを演出した「ＲＥＩＴ」
サブプライムローン問題の衝撃
スルガコーポレーション事件の衝撃
スルガコーポレーションと闇社会の癒着の構造
見えてきた黒幕
和製ハゲタカ
ようやく清算されるバブルの残滓
第三章　闇勢力に食い潰された新興市場……139
「最後の大物仕手筋」側近の怪死
デジャ・ビュ
闇社会との接点となった「ブラックボックス」
株式市場の「ハイエナ」たち
ライブドアの二番煎じ

「事後チェック型社会」の代償として
「何でもあり」の新興市場
いまも生きる「シマ」の論理

第四章　巨大銀行を狙う闇勢力……197
魑魅魍魎の中心に記されたメガバンク
メーンバンクが買収資金を提供するという異常事態も
みずほで続発する問題融資
「一兆円増資」のツケ
「Vシネマ」さながらの詐欺事件も
メガバンクを手玉にとった元証券マン
「事業者ローン」の落とし穴
「新銀行東京」乱脈融資の真相
一〇〇〇億円を都庁の屋上からばらまいたのと同じ
巨額資金が闇社会へ？

第五章　「黒い目の外資」とヤクザの奇妙な共生関係……245

様々な金融ノウハウとテクニックを提供か
プライベートバンクという迷宮
超高級マンションからコーヒーカップまで
平成電電事件に巻き込まれて
錬金術へと進化したマネロン
虚を実に変える金融テクニック
外資と闇勢力の本格的な連携も

それでも止まらない「ヤクザ資本主義」の伸張
——あとがきにかえて——……281
まだまだ終わらない「ブラックマネー」の増殖
——文庫版あとがきにかえて——……299
主要参考文献他……329

ブラックマネー

――「20兆円闇経済」が日本を蝕む――

第一章　ヤクザマネーの奔流

裏カジノとトレーディングルーム

大阪を代表する繁華街。その中心から少し外れた場所にその建物はあった。十階建ての一階から四階まではクラブやバーを中心とした飲食店、その上は少しおしゃれな感じのプチホテルになっていた。もっとも、ホテルのフロントは五階にあって、一階にはほとんど看板も出されてはいなかったから、これで本当にお客が来るのだろうかと、不思議な気がした。

関西では繁華街にあるこういう雑居ビルを「ファッションビル」と呼ぶことが多い。ブティックやブランドショップの類《たぐい》が入っているわけではないのになぜそう呼ぶのか、理由は分からない。

筆者がこのビルを訪れたのは、今（二〇〇八年）から数年前のことだ。当時取材を進めていた経済事件に絡《から》んで、どうしてもある暴力団の組長に話を聞かなければならなくなったのだ。その組長にはそれまでも何度か取材などで会ってはいたのだが、念のために、人づてに頼み込んで、何とかアポイントメントを取り付けた。

組事務所で一通りインタビューを終えて、引き上げようとしたとき、組長がおもむろにこう切り出してきた。

「須田さん、なぁ、オモロイもんを見したろか」

「えっ」

一瞬答えに窮したが、こちらも無理に取材を受けてもらっている立場だから、無下に断るわけにも行かない。しかも、相手は暴力団の中でも武闘派で鳴らした組長だ。機嫌をそこねでもしたら、仲介者に迷惑がかかるかもしれない。いや、その前にこちらが無事に事務所を出られないかもなぁ……と、半ば冗談交じりに思いを巡らしていると、

「ほな、行きまひょか」

そう言うが早いか、組長はスタスタと応接室から出て行ってしまった。ボディガード役の組員に促される形で、筆者もついて行かざるを得なかった。

地下駐車場で黒塗りの高級外車に乗り込んだ。

「これなぁ、下は鋼鉄製の板入れてるから地雷踏んでも大丈夫なんや。それから、窓は全部防弾ガラス、ボディも補強してるからバズーカで撃たれてもビクともせん」

組長は自慢げにそう語った。

ということは、年中そういう危ない目に遭ってるということではないか。まったく、バグダッドやベイルートじゃあるまいし、日本の大阪のど真ん中で何でこんな目に遭わなければならないんだ。それにしても、こんな車どうやって車検を通すのだろう……。

そんなことを考えながら、組長の話に相づちを打っていた。そして、十分ほどのドライブの後、着いたのがこのファッションビルだったというわけだ。

組長一行とともにエレベーターに乗り込んで、いったん五階まで上がる。扉が開くと目の前がホテルのフロントになっていた。

「おう」

組長がそう一言声をかけると、フロントの従業員が深々と頭を下げた。そしてそのまま、曲がりくねった廊下をドンドン奥に入っていき、別のエレベーターに乗り換えた。

五階から上はこの奥のエレベーターでしか行けないようだった。

六階、七階、八階……。操作パネルをよく見ると、九階から上の階は押しボタンの横に鍵穴《かぎあな》が付いていた。どうやら、九階と十階には特別の鍵を持っていないと上がれない仕組みらしい。

ボディガードが懐《ふところ》から取り出した鍵を九階の鍵穴に差し込んだ。われわれを乗せたエレベーターはゆっくりと九階まで上がって行った。

ドアが開くと、そこにはゆったりとしたソファが何セットかコの字型に置かれ、高級ラウンジのようになっていた。その一つに腰掛け、組長の話を聞くことになった。

それによれば、このビルは組長個人の持ち物で、九階は組用のスペース、十階は組長の〝隠れ家〟として使っているということだった。

なるほど、このビルの最上階に立て籠《こ》もり、階下では屈強なボディガードが守りを固めれば、ちょっとやそっとではやられることはない。そういえば、ホテルのフロント階のエレベーターまで続く廊下も、真《ま》っ直《す》ぐではなく何回か曲がっていたのだが、それも「守り」を意識してのことに違いない。要するに、他の組織との抗争時にはこのビル自体が要塞《ようさい》となるわけだ。

それにしても、随分お金持ちですねとお世辞半分に水を向けると、

「いやー、半分以上は借金なんや、借金。○○銀行からワシ個人が借りてるンや」

組長は、さも当たり前のことのようにそう答えた。

しかし、筆者は一瞬絶句してしまった。「〇〇銀行」といえば、メガバンクの一角を占める大手銀行ではないか。そんな銀行がいまだに暴力団組長に融資しているなんて、にわかには信じがたかった。

よほど巧妙な迂回《うかい》融資をしているのか、それとも、銀行内部に弱みでも握られた協力者がいるのか、いずれにせよ、バブル経済以来続く金融機関と闇《やみ》社会の腐れ縁が、依然として続いていることを改めて実感させられた。

「隣の部屋はカジノになってるんや、遊んでいきますか」

組長にそう言われて、もちろん、遊ぶのは辞退したが、後学のために見学させてもらうことにした。

ドアを開けると、そこは二重扉になっていて、さらにもう一枚、鉄製の頑丈そうなドアがあった。ちょうど目の位置あたりに小窓が付いている。ボディガードがそこから中へ合図を送ると、ギィと重厚な音がして鉄製のドアが開いた。まるで、映画のワンシーンみたいで、妙におかしかった。

部屋の中は意外に広く、大きな会議室くらいはあっただろうか。部屋の中心にルーレットが置かれ、その他、ブラックジャックやポーカー、バカラのテーブルもあった。

もちろん、ラスベガスやマカオなどの本物のカジノとは比べるべくもないが、裏カジノとしてはかなり高級な部類に入るはずだ。基本的に会員制で、会員の紹介がなければプレイはおろか、このフロアに入ることすらできないということだった。

平日の午後の早い時間だというのに、数人のお客らしき人たちがいて、カードゲームやルーレットに興じていた。

チップの額を見ると最低でも一万円、テーブルによっては最低一〇万円というのもある。海外のカジノで、一〇ドル単位の勝負で冷や汗をかいている筆者などには、とても手が出ない。いったい、どんな人が来るのだろうと思って、尋ねようとしたが、組長の鋭い眼光を見ていると、立ち入ったことを聞くのも憚《はばか》られたので、しばらく、ルーレットを眺めた後で、その場を辞した。

ラウンジに戻って、組長と対面する形でソファに腰掛けた。

「須田さんも、遊んでいけばよかったのに」

「いやー、最低一万のチップじゃ、とても手が出ませんよ」

「勝たせてあげたのになぁ」

そう言うと、組長はニヤリと笑って見せた。

冗談じゃない、そっちの方がよほど後が怖いよ。そう言いたいのをグッとこらえて、「それは残念だったなぁ」と冗談めかして応《こた》えるのが精一杯だった。

「それじゃ、もう一つエエモンを見せましょうか」

もうそろそろ、失礼しますと言いかけた筆者を、組長はそう言って引き留めた。

もちろん、断れる雰囲気ではない。組長の後をついて、さっきとは違うドアの前に立った。

いったい何が出てくるのか。恐ろしさと好奇心が半々というのが、その時の偽らざる心境だった。

しかし、組長が開けたドアの中を見たとき、正直言って拍子抜けした。

それは、何の変哲もない、ただの会議室そのものだったのだ。

部屋の真ん中に大きな長方形の机が置かれ、その上に雑然といくつものパソコン・モニターやOA機器が並べられていた。そして、机の傍らに置かれた椅子《いす》にはサラリーマン風の男が腰掛けて、モニターを見ては、なにやら忙しそうにマウスをクリックしたり、キーボードを叩《たた》いたりしていた。

「これな、ワシのトレーディングルームなんですわ」

トレーディングルーム!?

組長は、ここで内外の株式をはじめ、各国通貨、投資信託などをネットを通じて取引しているのだと語った。すべて組長の個人資産で、常時億単位の金を動かしているという。

ちなみに、忙しそうに働いている男は、中堅証券会社に勤めていたのをスカウトしてきたということだった。

筆者は、そう得々と話す組長の頬が、なぜか妙に弛《ゆる》んでいるのを見逃さなかった。なるほど、そういうことかと、その時ようやく分かった。

どうやら、組長はこのトレーディングルームを誰かに見せて自慢したくてしょうがなかったようなのだ。武闘派といわれてはいるが、俺だって経済ヤクザに負けてないということをアピールしたかったのだろうか。

その後、そのビルを訪れることは二度となかった。今ではどの辺りにあったのか正確に思い出すこともできない。

米国のサブプライムローン問題に端を発する、世界的な株安や、原油価格の乱高下に見舞われた昨今、あのトレーディングルームではどんな取引が繰り広げられているのだろうか。

恐るべき「情報力」と「資金力」

暴力団の組長だからといって、仕手筋の絡んだ怪しげな銘柄にばかり手を出していると思ったら大間違いだ。大物のヤクザともなれば、そこらの経済記者よりもずっと企業情報に詳しいことも珍しくはない。

これも数年前のことだが、たまたま、取材先の関係で知り合ったある指定暴力団の大物幹部が、不意にこんなことを口にしたのだ。

「△△工業って会社あるだろ」

それは、名前を聞けば誰でも知っている東証一部上場の大手メーカーだった。

「あそこ、いろいろと問題あるみたいだよ」

筆者は、金融ジャーナリストという立場上、株取引は一切やらないし、大手とはいえ個別のメーカーの事情に関してそれほど興味を持ってはいなかったので、はあ、そうですかと聞き流していた。

すると、数週間経《た》ったある日のこと、大手経済紙が一面トップのスクープ記事として、その会社が決算見通しを大幅に下方修正した上に、工場閉鎖など生産調整も検討していると報じたのだ。当然、株価は大暴落。つまり、大物幹部から教えられたときに、その会社の株を空売りしておけば、大儲《おおもう》けできたというわけだ。

こんな内部情報は、その大手メーカーの役員クラスでなければ知り得ないものだ。どういう経路で情報を入手しているのかは定かではないが、経済や企業をウォッチングするヤクザの情報力には改めて驚かされた。

そして、このような情報網の存在は、一九九二年三月の暴力団対策法（暴力団員による不当な行為の防止等に関する法律）の施行、さらには商法の度重なる改正によって、総会屋などの活動が強く取り締まられているにもかかわらず、財界と闇勢力の間に依然としてパイプが存在し、両者の癒着が続いていることを物語っているのではないだろうか。

こうした確度の高い企業情報に基づいて株取引を行なえば、文字通り濡《ぬ》れ手に粟《あわ》の大儲けが可能になる。一般投資家が丁半バクチさながらの株のネットトレードにのめり込んで、持ち金を擦ってしまうのとは雲泥《うんでい》の差がある。

さらに、彼ら闇勢力にはいわゆる仕手戦などの儲け話の情報も頻繁に入ってくる。その仕手戦にしても、特に新興市場が乱立するようになった昨今は、資金繰りに行き詰まった上場企業の経営者を意のままに操って増資や新株発行を繰り返させるなどの手練手管を駆使することで、市場から巨額の資金をまるで打ち出の小槌《こづち》のように引き出すことが可能となっている。この辺りの事情については、後の章で詳細に述べる。

それでは暴力団などの闇勢力にはどのくらいの資金力があるのだろうか。

まえがきでも述べた通り、エコノミストの門倉貴史氏によれば、日本の地下経済は二〇兆円を超える規模であり、暴力団の非合法所得は年間二兆円を超えるという。もちろん、こうした数字は推計に過ぎないが、かなりの財力があることは確かだ。実際、暴力団マネーの巨大さを物語るこんなエピソードがある。

広域暴力団の中でも老舗《しにせ》といわれる某団体の大親分には、なんと八〇〇億円といわれる預金残高があって、しかも、それをある大手地銀が管理しているというのだ。ちなみに、この銀行の頭取ポストは財務省幹部の天下り指定席となっている名門銀行だ。

預金だけで八〇〇億円という資産の額にも驚かされるが、前述した大阪の暴力団組長の所有するファッションビルへの銀行融資同様に、ここでも金融機関と闇勢力の癒着が浮き彫りとなった形だ。

また、真偽のほどは定かではないが、もっとすごい話もある。引退した山口組の五代目組長には、五〇〇〇億円を超える個人資産があったというのだ。もちろん、これも確かめようもない話なのだが、もし、そうだとすれば山口組五代目は並み居る企業経営者を押しのけて、日本有数の資産家ということになる。その意味では、実際の額はともかくとして、闇勢力の財力を物語るエピソードだといえよう。

平成十九年版『警察白書』によれば、日本国内のヤクザ、すなわち暴力団員の数は約八万五千人（構成員、準構成員合計）だという。ピーク時の一九六三年には十八万人以上だったものを、全国都道府県警察を動員した頂上作戦と呼ばれる二度の取締や前述した暴対法の施行を経て、数の上では半減させた計算となるが、その勢力は決して衰えているとはいえないのは、これまで述べてきた、いくつかのエピソードからも明らかだろう。

「マフィア化」した暴力団

ヤクザの世界でビジネスのことを「シノギ」というが、昔から金融、売春、バクチの三つがその代表だった。さらに、飲食店や風俗産業からのみかじめ料、拳銃《けんじゅう》や麻薬など非合法商品の取引などがそれに加えられる。しかし、警察による取締が強化される中で、これらの違法行為を恒常的なシノギとすることは次第に難しくなっていった。

そこで、彼ら闇勢力が次に目を付けたのが、「トラブルコンサルタント」とでもいうべきビジネスだった。一般人が持ち込んでくる様々ないざこざや問題を、暴力を背景にして手っ取り早く解決するのである。

借金の取り立て、倒産の整理、女性関係のトラブル、交通事故の示談など、日常生活で起こる様々なトラブルに介入して、これをたんに解決するだけではなく、法外な報酬を要求。払わなければ暴力をちらつかせて脅かす。さらに、暴力団自体が一般人や企業に言いがかりをつける形で金品を脅し取ることもある。

こうした行為を総称して、いわゆる「民事介入暴力」と呼ぶ。

一九九二年に施行された暴対法は、暴力団のレゾンデートルともいえる「暴力」を背景とした様々な要求や行為を厳しく罰する法律であり、施行時にはこれで「民事介入暴力」をはじめとする当時の暴力団の主要な資金源を根こそぎにすることが期待された。

しかし、確かにこれまでのシノギを失い資金に窮する暴力団が出る一方で、一部の暴力団はシノギを巧妙化させ、暴対法をうまくかわす形でビジネスを広げ、むしろ、経済的な基盤を強固にするようになった。一般世間と同様に、闇社会においてもこの十数年で二極化が進んだのである。

この間に起こった闇社会の変化について、もう少し見ていこう。

米国など海外の組織犯罪取締の専門家にいわせれば、そもそも、日本の暴力団はかなり変わった形態の犯罪組織なのだという。

第一に変なのは、どこに拠点があるのかがハッキリしているということだ。しかも、平気で組織名の書かれた看板を掲げているばかりではなく、事務所の入り口をあえて豪華な門構えにして目立たせようとさえしている。

筆者の知っているある組事務所などは、都内の一等地にある少し築年数のたった高級マンションで隣り合った三部屋ほどをぶち抜いて使っていたのだが、入り口を和風住宅の玄関のように改造していた。しかも、それが半端《はんぱ》ではない。入り口のドアは格子戸《こうしど》に変えられ、玄関の庇《ひさし》には瓦《かわら》まで葺《ふ》いてある。さらに、玄関の両脇《わき》には「○○組」という字が書かれた大きな提灯《ちょうちん》が掛けられていた。なるほど、これでは気が付かないでいる方が難しい。

第二点として指摘されるのは、日本では誰が暴力団のメンバーであるのかが、ハッキリしていることだ。これも欧米では考えられないことだという。

ギャング映画などを観《み》て読者もご存知かも知れないが、欧米では犯罪組織のメンバーは建設業や不動産業、運送業、清掃業、レストラン経営など表の仕事を持っていて、一応善良な市民を装《よそお》っている。

もちろん、「顔役」という言葉があるように、有名なボスや有力幹部は、その名前が知られていることもあるが、ほとんどの場合、彼らの犯罪組織の実態は謎《なぞ》に包まれている。

誰が犯罪組織に属しているのか、資金の流れはどうなっているのか、どんな命令系統になっているのか、そしてどこにアジトがあるのか——、こうしたことを丹念に調べていくのが組織犯罪取締の最も重要なポイントとなる。

一方、日本では一目でそれと分かる強面《こわもて》の男たちが、高級外車を乗り回して、組名の記された看板を出した事務所に乗りつける。しかも、幹部の中には組名、肩書き、代紋の入った名刺を配っている者も珍しくなかった。もっとも、暴対法施行以降は、一目でヤクザと分かる名刺を出すこと自体が威圧的な行為と見なされ取締の対象になることから、さすがにこうしたことはなくなったようだ。

このような環境の日本では、警察による取締自体が諸外国から見れば、ある種の馴《な》れ合いのような構造の中で進められてきた経緯がある。

たとえば、各警察署等で暴力団の取締にあたるのは「四課」の役割だが、その捜査員たちのルーティン・ワークといえば、特に事件が起こっていない時でもこまめに暴力団事務所を訪れては、その内部をじっくりと観察することだった。

事務所の壁には、幹部以下構成員の名前が書かれた札がズラリと掛けられているから、それで誰がメンバーなのかが分かる。しかもご丁寧に、準構成員は違う色の札になっていたし、服役中の組員は札が裏返されたりしているから、組の構成が現在どうなっているのか、この名札さえ見れば、まさに一目瞭然《いちもくりょうぜん》だった。

さらに言えば、まだ名札を作ってもらえないような新米の見習い構成員は、事務所に寝泊まりして、お茶くみなどの下働きをさせられていることが多いから、巷《ちまた》ではチンピラといわれるようなこうした要員でさえも定期的に組事務所を訪問すれば、把握できる。

また、関係組織からの義理事（慶弔行事）の案内状、時には破門状のような回状が張り出されていることもある。従って、業界内の動きをさりげなくウォッチングすることも可能となる。

しかし、暴対法の施行により、状況は一変した。組事務所からは名札の類《たぐい》は消え、義理事の案内状や破門状が張り出されているような光景も、昨今はほとんど見なくなった。それにより、現在では誰が構成員なのか、準構成員や見習いを含めて組がどの程度の規模なのかも、ほとんど分からなくなってきているという。

特に山口組系の組織は、警察関係者と接触すること自体を御法度《ごはっと》にしているから、その内情はまったくというほど分からなくなっているのである。

もちろん、組事務所なども以前よりはずっと地味なものが増えている。門構えだけ見れば、普通の会社と変わらない事務所も珍しくはない。さすがに中に入ると、調度品の派手さやそこにいる人たちの雰囲気や立ち振る舞いでヤクザっぽさは隠せない。しかし、中には事務所のロケーションから、内部のインテリア、そこで働く人々を含めて、どう見ても外資系のコンサルタントか金融関係のオフィスにしか見えない組事務所もあって、驚かされる。

こうした変化について筆者は、日本の暴力団も欧米並みに「マフィア化」が進んだものと捉《とら》えている。

ますます巧妙に偽装される「フロント企業」

マフィア化は、暴力団組織本体のみならず、いわゆるフロント企業にも及んでいる。

フロント企業とは暴力団やその関係者が経営する企業のことで、その利益はもっぱら暴力団の活動資金となる。

暴力団が企業経営をすることは、昔からそう珍しいことではなかった。ただし、それは金融、建設、不動産、飲食・風俗など、そもそも、闇《やみ》勢力と親和性のある分野の企業であることが多かった。

ところが、八〇年代後半のバブル時代に入って状況が一変する。日本経済が空前の好景気に沸く中で、暴力団も豊富な資金を求めて表経済をドンドン侵蝕《しんしょく》していくようになったのだ。また、金さえ儲かればいいという風潮が企業のモラルを低下させ、たとえば有名企業が不動産ビジネスにおいて「地上げ」を依頼するというような形で、闇勢力と平気で関係を持つようになったのである。

その際に暴力団の先兵（＝フロント）となったことが、「フロント企業」の語源である。表向きは普通の企業を装っているが、その実態はまったく異質のものだ。そもそも、コンプライアンス（法令遵守《じゅんしゅ》）の意識などほとんどない。当然、ビジネスのやり方も一般企業とはかけ離れたものだ。トラブルになれば、背後に控える暴力団の影をちらつかせる。それでもダメなら、暴力を使うことも厭《いと》わない。

バブル時代には、フロント企業と安易に〝ビジネス〟をしたために、結局はその餌《え》食《じき》となる企業が続出し、莫大《ばくだい》な資金が闇社会に吸い込まれていったのである。

もっとも、この時代にはフロント企業と普通の企業を見分けるのは、それほど難しくはなかった。闇勢力も警戒心が薄く、フロント企業にはどう見てもヤクザにしか見えないような人物が平気で出入りしていたし、法務局に行って会社謄本《とうほん》を取って調べると暴力団幹部が役員に名を連ねているケースも珍しくなかった。

また、暴対法以前には警察はかなり詳細な「フロント企業リスト」を作っていた。こうしたことができたのも、前述したように警察と暴力団の馴れ合いというべき関係があったからに他ならない。

筆者もある筋から入手してその種のリストを見たことがあるが、そこには企業名、所在地、代表者名、業種などに続いて、実質的な支配者として、広域暴力団の組長や幹部の名前が記されており、当時の取材活動ではかなり重宝した覚えがある。

ところが、暴対法の施行を機に、こうした雰囲気が一変する。

暴力団本体に対する取締が強化されたことで、フロント企業からのシノギがますます重要な財源となったばかりではなく、暴対法を回避するために暴力団が活動の重心をフロント企業へとシフトしはじめたのである。

ただし、暴力団との繋《つな》がりが明確になれば、フロント企業も警察に厳しく取り締まられ、思うように動けなくなる。従って、いかに暴力団との関係を隠すか、言い換えれば、いかにフロント企業らしくなくするかが、フロント企業にとって死活的に重要な課題となってくる。

ちなみに、ここで少し解説をしておくと、そもそも「フロント企業」とは警察の用語で、「指定暴力団」などと同様に、厳密にはある企業に対して警察サイドの認定があって、はじめてそう呼べるものだ。ただし、一般的には、警察による明確な認定はなくても、暴力団との関係を取り沙汰《ざた》されている「グレー」な企業をフロント企業と呼ぶことが多い。本書でも後者の立場で、この用語を使っていることをお断りしておく。

さて、話を元に戻すと、その結果、暴対法以降、新たに作られた新興のフロント企業においては暴力団組長や幹部が登記上の役員などに名前を連ねることはほとんどなくなった。その代わりに組長の親族や元組員などが経営陣として送り込まれるケースが多い。

もちろん、ここでいう元組員とは「破門」などにより、表面的には暴力団組織との縁が切れた形となっている。暴対法をかわすために便宜的に絶縁関係を装うこうしたやり方は「偽装破門」と呼ばれ、警察にとってもその割り出しと対策が急務となっている。

もっと徹底しているのは、社長など一握りの経営陣だけが暴力団とかかわりを持っていて、その他の従業員はそのことを知らされないで雇われているというパターンだ。社員たちはしばらく働いているうちに、仕事のやり方や経営陣の物腰などに違和感を感じ、ようやくフロント企業だと気がつくのだという。

実際、筆者が取材した中にこんな会社があった。

北関東で不動産会社を経営するその社長は、身なりもしゃべり方も全くの堅気で、ヤクザっぽい雰囲気など微塵《みじん》もない。「○○ハウジング」というのが会社名だが、個人用の住宅を扱っているわけではない。もっぱら繁華街などの商業地を売り買いする土地ブローカーというのが、彼のビジネスだった。

年の頃は四十代中盤と思われるこの人物は、まだ未成年だった頃、見習いとして暴力団事務所に出入りしていたのだが、当時の組長から頭の回転の速いのを見込まれ、表のビジネスをやるようにいわれたのだという。

それで、正式な構成員になる前に組を抜け、不動産取引のための様々な資格を取って、自分の会社をはじめたのである。かなり早い段階でヤクザから足を洗っているので、当然、警察からはまるでマークされていない。ただし、資金面等に関しては、かって出入りしていた暴力団の組長にかなり世話になったのだという。

「会社の人間は誰も、私が昔その筋の人間だったことは知りません。そんなことを知ったらきっとビックリするでしょうね」と、その社長は笑いながら語った。

ビジネスの内容を含め、彼の会社はほとんど堅気の会社である。誰に迷惑を掛けているわけじゃないのだから、それでいいじゃないかという考え方もあるだろう。

しかし、問題は彼の企業一社にとどまらない。暴力団と資金的な関係があるということは、会社の利益は当然、吸い上げられることになる。つまり、彼の会社が儲《もう》ければ儲けるほど、暴力団が潤《うるお》うという構図が成立するわけだ。そして、その資金がさらに反社会的な活動に使われるとすれば、これは、もはや座視できる問題ではない。

また、繁華街の土地を扱えば権利関係の複雑な物件もあるかもしれない。そこでトラブルが起こった時に、背後に控える闇勢力が何らかの影響力を行使することも、十分に考えられる。

そして、実はこの不動産会社のようなフロント企業が、近年は主流となってきているのである。普段はほとんど闇勢力とは無関係で、経営者や一握りの幹部を除いては、つながりがあることすら知らないまま、普通の企業としてビジネスを行なっている。

しかし、そうやって稼いだ利益の何割かは確実に闇社会に還元されていく――。

従来、フロント企業というのは金融、土木建設、不動産業、飲食業、風俗産業、リース業、廃棄物処理業などの企業に多く見られたが、いまではこうした枠組みを超えて、様々な分野に進出するようになっている。逆にこれまで進出していなかった分野の方が、フロント企業だとばれにくいというメリットがあることも、この傾向に拍車をかける一因となっている。

こうして巧みに表の経済に食い込んでいくことで、暴対法施行以降、一部の暴力団は経済的な基盤をむしろ強化するようになったのである。

その一方で、ビジネスセンスに欠ける旧態依然とした暴力団も数多く存在し、資金的に困窮したそれらの組織からは構成員の離脱が目立つようになっている。

平成十九年版『警察白書』は、このように暴力団組織をはみ出した連中の中には、「自暴自棄となり過激な行動に訴える動向も見られるようになっていることから、今後、資金に窮する暴力団には警戒が必要である」と報告している。

暴力団など闇勢力が暴対法施行以降に二極化していることはすでに述べたが、一部は経済力を増すことで、他方、暴力的な傾向をさらに強めることで、全体としては社会全般に対する影響力を、以前にも増して強めているのが現状なのである。

〝追い風〟となった新自由主義

この十年余りの間に日本企業においては、それまでの「年功序列」や「終身雇用」が見直され、程度の差こそあれ、ほとんどの企業で「成果主義」的な要素が導入されるようになった。ずっと以前から実力主義を採ってきたヤクザの世界は、その意味では一般社会の先を行っていたということになる。

逆に考えれば、二〇〇一年四月に小泉純一郎政権が誕生し、新自由主義の旗印の下で構造改革が進められたことが、暴力団などの闇勢力にとっては〝追い風〟になったといえるかもしれない。改革により、社会のあらゆるシーンにおいて市場原理主義に基づいた競争が重視されるようになり、その結果として「勝てばいい」という雰囲気が蔓延《まんえん》するようになったからだ。

暴力団の本能ともいえる「弱肉強食」という発想自体が、小泉政権下の新自由主義的な雰囲気とうまくマッチした結果、フロント企業の表経済への進出が加速されたという側面があったと、筆者は分析している。

さらに問題を深刻化させたのは、日本においては競争の活性化を促進するために規制緩和が先行する一方で、市場で不正行為が行なわれないように監視するシステムも要員も極めて脆弱《ぜいじゃく》で、その整備や充実が後手に回ってしまったことだ。ルールを守らない、そもそも、守る気がないプレイヤーが増殖し、まかり通れば、結局は企業間の公正な競争が阻害されることになる。そして、こうした状況を放置すれば、日本経済の国際的な信用が損なわれるばかりではなく、日本の経済活動全般に深刻なダメージを与えることが懸念《けねん》される。

ここ数年、警察など司法機関が暴力団摘発に力を入れている背景には、こうした危機感が存在していると見て間違いない。

一方、一般社会同様に実はヤクザの世界も近年、大きな変革の波にのまれることになった。

暴力団が勢力を拡大しようとすれば、他の組織との抗争は避けられない。かつてはそういう時にどれだけ組織のため、親分のために体を張ったかが、評価の大きなポイントだった。当然、場合によっては逮捕され刑務所に収監されることになるが、懲役を終えて帰ってきたときには応分のポストが用意されていた。逆に頭が切れて金儲けをするのは上手だが、抗争では大した功績のないような者は、侮蔑《ぶべつ》の対象にすらなりかねない雰囲気があったという。

それが、次第に変わりはじめたのは、バブル時代あたりからのことだった。金を稼ぐヤクザの方が、評価されるようになったのである。どれだけ組織に金を納めるか、それが出世の尺度となり、組織間においても「力＝資金力」という構図が定着するようになっていった。

それでは、何がこうした変化を引き起こしたのだろうか。

第一に、そもそも抗争など暴力的な活動を行なうには莫大な資金が必要となることがある。襲撃プランを練るためには綿密な下見が必要だし、拳銃《けんじゅう》など非合法の武器を調達した上で、車を用意して逃走経路を確保、場合によっては隠れ家に襲撃犯を長期間匿《かくま》わなければならないかもしれない。

さらに、いずれは襲撃犯のみならず、その逃走を助けた者まで逮捕されることになるだろうが、その場合には裁判費用はもとより、その間の家族の生活の面倒を見た上で、出所に際しては、応分の報酬を渡すことになる。もし、襲撃犯が返り討ちにあって殺された場合には、残された家族の面倒を見なければならない。

こう見ていくと、いくら金があっても足りないということがよく分かると思う。逆にこうした保証がなければ、あえてヤバイ仕事をやろうという人間はいなくなり、それが組織の弱体化につながっていく。

特に暴対法施行以降は、以前にも増して警察の取締が厳しくなり、平時の活動における逮捕者も増えているから、それだけでも経済的にはかなりの負担になっていると見られる。

そうなると、暴力団のトップとしては当然、次のようなことを考えるに違いない。すなわち、通常は可能な限り抗争という事態を避けながら、組織の財力を充実させる。そして、蓄えた資金で、いざというとき体を張ってくれる人間を最低限は確保しておく——。

暴力団がそのレゾンデートルともいえる「暴力」を行使するにも、その裏付けとなる「カネ」が不可欠となっているのが現状なのだ。こういう雰囲気の中で、金を稼ぐ者が組織内において圧倒的に評価されるという構図が定着していったのである。


第二点として挙げられるのは、暴力団組織の大きな特徴として、いくつもの組織が集まってピラミッド状の階層構造を作り上げていることだ。

つまり、一次団体の大親分を頂点として、その子分がその下の階層に来る二次団体の親分となり、さらに、その子分が三次団体の親分となるというようにして、巨大な広域暴力団が形作られている。そして、同一系列の下位団体は上位団体に上納金を納めることがルール化されているのだが、それがどれだけ払えるかが、同一の階層における組織の優劣を決める大きな要因となる。

また、ヤクザの世界では襲名披露や結縁、組葬、出所祝い、事務所開きなど、いわゆる「義理かけ」が重視されるが、この時支払われる祝儀《しゅうぎ》や香典も重要な意味を持っている。なぜなら、その額に組織の勢いが反映されるからだ。

闇《やみ》社会においては勢力を誇示することが、収益力の強化や新たなシノギの開拓につながる。それればかりではなく、他の組織に金銭という形で恩を売ることは、広域暴力団という巨大な組織全体において自らの影響力を強めることにもなる。こうしたことからも、組織の財力を強化することが求められるのである。

経済に表も裏もない時代

金がモノをいう傾向は、闇社会においてますます加速している。いまや、ヤクザの世界でトップをとれるかどうかは、カネの力次第になっているといっても過言ではない。

実際、日本最大の広域暴力団、山口組のトップ人事を見てもそのことが分かる。指定暴力団山口組六代目となった司忍《つかさしのぶ》（本名・篠田《しのだ》建市《けんいち》）組長は名古屋に本拠を置く弘道会《こうどうかい》の出身だ。並み居る山口組の二次団体の中から、なぜ、弘道会が選ばれたのか。さらに、通常は別の団体から選ばれる若頭も弘道会から出ており、山口組のナンバーワンとナンバーツーを名古屋の弘道会がおさえた形となっているのだ。

筆者は、この背景には自動車産業や電機産業、航空機産業などが密集し、空前の活況を呈する名古屋経済圏の繁栄があると分析している。

にわかに超高層ビルが林立するようになった名古屋の駅前を見れば分かるように、近年名古屋圏の経済は、低迷が続く大阪圏はもとより、東京圏をも遥《はる》かに凌《しの》ぐ突出した伸びを見せている。そんな中で中部国際空港などの巨大プロジェクトをはじめ、名古屋圏では数々の大型の土木工事や建設事業が進められてきた。

こうした建築ブームによって、闇勢力がかかわるような土木・建築業の企業も潤うであろうことは容易に想像がつく。また、空前の好景気は人手不足をも産み出すが、それを補う人材派遣業は近年、フロント企業の進出が目立っていると指摘される分野だ。さらに、景気がよくなれば繁華街も人で賑《にぎ》わい、そこからみかじめ料や暴力団系の飲食店や風俗産業の売上げなど、様々な形で巨額の資金が闇社会に流れ込む。

JR 名古屋駅前では、超高層ビルが林立を始めた。日本経済を牽引する成長スポットとなった名古屋経済圏だが……　(写真提供・毎日新聞社)

　こうして名古屋圏の経済的繁栄の恩恵を享受《きょうじゅ》して経済的基盤を整えたことが、山口組内部における弘道会の圧倒的な強さの根源にあると、筆者は睨《にら》んでいる。

　その弘道会関係者がこう述べる。

「名古屋には、中国人マフィアは一人たりとも入っていない。われわれが全《すべ》て駆逐してしまったからね」

　皮肉な話だが、こうした弘道会の〝活動〟が名古屋圏の経済的繁栄に大きく寄与していることは間違いないだろう。

　同時に特に名古屋圏などにおいて顕著に見られるのは、経済における表と裏の境界の消失という現象だ。

急速な経済発展が続く中で、フロント企業もその渦の中に紛れ込み、いつの間にか必要不可欠な歯車の一つとして機能しはじめているのである。

ある警察幹部は、真顔でこんな心配をしていた。

「今、山口組を潰《つぶ》そうとすれば、回り回ってトヨタやJR東海など、日本を代表する大企業が影響を受けるということになりかねない」

当局が手をこまねいている間に、経済の表も裏もなくなってしまったのである。

この点に関しては、たとえば、大阪ではこんなことがあった。

二〇〇八年一月に表面化した話だが、大手電機メーカーのシャープが大阪堺市の臨海地域で進めていた新工場建設プロジェクトで、工事を請け負った清水建設の下請けとして参入していた大阪市内の建設機械リース会社が、「暴力団と関係がある」という大阪府からの指摘により、契約を解除されていたというのだ。

この新工場は二〇一〇年にフル稼働《かどう》すれば、世界最大規模の液晶パネル工場となる。シャープが今後の大型液晶テレビの世界的なサバイバル競争に勝ち抜くために、三八〇〇億円もの巨費を投じて建設に乗り出したものだ。

このようないわば産業の最先端分野にまで、暴力団との関係を取り沙汰《ざた》される企業が進出していることには、本当に驚かされる。

警察は、国や地方公共団体と連携して、公共事業から暴力団と関係のある企業を排除するために、暴力団排除要綱や条例などを整備している。今回、大阪府警はこの要綱に基づいて前述したリース会社の前社長が暴力団組長と交際があったことを府に通告し、それが施主《せしゅ》であるシャープに伝えられたという経緯があった。

新工場建設には大阪府からシャープに対して総額一五〇億円の補助金が交付されることになってはいるが、基本的には民間事業であり、本来であればこうした要綱の対象にはならない。

しかし、堺市ではこのシャープの工場進出をテコにする形で、路面電車の延伸や堺東駅駅前再開発などのプロジェクトが進んでおり、行政や警察もこうした巨額の資金を狙《ねら》った闇勢力の進出にはかなり神経質になっているといわれる。

にもかかわらず、施主から指摘を受けるまで暴力団と関わりのある企業に下請けを任せていた清水建設は、今風に言えばまさに「ＫＹ」（空気が読めていない）ということになるだろう。

逆に言えば、闇勢力の表経済への浸透が深刻化し、問題視されるようになっている現在に至っても、大手ゼネコンがこの程度の認識しか持っていないということは、関西国際空港、中部国際空港、神戸空港などこの十数年間の巨大プロジェクトにおいても、暴力団系企業が下請けなどの形で工事に関与した可能性を示唆《しさ》するものである。それにより莫大《ばくだい》な資金が闇社会に流れ込んでいったというのも、あながち絵空事とはいえまい。

ようやく闇勢力への反撃体制は整ってきたが……

一九九二年の暴対法施行から十八年経《た》つが、結局、この法律が暴力団などの闇勢力を排除するのにどの程度の効力があったのか、そう疑問に思っているのは筆者だけではないはずだ。実際、近年では政財界や官界からも同様の声が上がっている。

この間に一部の暴力団はマフィア化を進めた上で、フロント企業を巧みに使って表経済への浸透を図るなどして、むしろ経済的基盤を充実させたことは、これまで述べてきた通りだ。こうして、闇勢力は以前にも増して広範な国民生活に対して影響力を及ぼすまでになっているのである。

こうした事態を打破すべく、暴力団など反社会的勢力の排除に国もいよいよ本腰を入れて取り組もうとしている。

全閣僚が参加して首相官邸で開かれる「犯罪対策閣僚会議」の下に設置された「暴力団資金源等総合対策に関するワーキングチーム」による検討を経て、二〇〇七年六月に企業が暴力団など反社会的勢力による被害を受けることを防止するための指針が策定された。そこでは、企業がビジネスで使用する契約書や取引約款《やっかん》に「暴力団排除条項」を盛り込むことや、反社会的勢力の情報を集約したデータベースの構築など、表経済を侵蝕《しんしょく》する闇勢力の具体的な排除方法が具体的に提言された。

これまでは新自由主義的な社会経済の雰囲気と規制緩和の流れの中で、それを進める立場の経済官庁と警察・検察などの司法機関の足並みが必ずしも揃《そろ》わなかったところがあり、そのことが、特に経済分野への闇勢力の伸張を許す一因となってしまった。しかし、ここに来て官庁間、さらには経済・金融界の業界団体との連携も図られるようになっている。

まず、〇六年六月にはそれまでの「証券取引法」が投資家保護の観点から抜本的に見直され「金融商品取引法」に改正（施行は〇七年九月）されたが、この背後には株式などマーケットから闇勢力を排除するという政官の強力な意志が感じられる。

これを裏付けるように、〇六年十二月には警察庁と警視庁、東京証券取引所が「反社会的勢力排除対策連絡協議会」を立ち上げ、その会合を定例化した。

こうした流れの中で、東証は〇七年四月に上場規則を改正し、「反社会的勢力との関係がないことを示す確認書」に最近三年間のすべての株主の状況および、各株主の属性について法人・個人・投資ファンド別に記載した添付書類を提出することを義務づけた。

そして、その後、東証にすでに上場している企業に対しても、反社会的勢力排除に向けた体制整備を具体的にどのように進めているのかを反映したコーポレート・ガバナンスを報告書にまとめて、〇八年四月までに提出することを求めた。

ジャスダックも〇七年六月に「反社会的勢力と関係している事実が判明した企業を上場廃止にする」という新たな規則を運用し始めたが、そこには、親会社、子会社などの関連企業、役員の二親等以内の親族が暴力団と関係していてもアウトになるという厳しいルールが明記されている。

また、全国銀行協会、日本証券業協会、東京都信用金庫協会はそれぞれ、各会員企業が持つ暴力団情報のデータベース化を進めている。これは前述した犯罪対策閣僚会議の指針に基づいたものだ。

近年、闇社会との関係がより巧妙に隠蔽《いんぺい》されるようになり、暴力団系の企業だと知らずに金融機関が取引などの関係を持ってしまうケースが頻発している。各金融機関は個別に暴力団情報を収集してきたが、これをデータベースとして一元化し、業界全体で情報を共有することで、各市場からの暴力団の排除を目指す。

具体的には、全銀協は〇八年中に会員企業に対する照会システムを構築するという。また、日証協は暴力団情報を調査・集約する専門機関を〇九年三月までに設立する予定になっている。（全銀協が計画していた暴力団情報を集約して業界独自のデータベースを構築する計画は二〇一〇年六月現在、依然として実現していない。一方、一〇年五月、日証協は新設するデータベースに、警察庁から暴力団組員情報の提供を受けることで合意した）

一方、全銀協は〇八年一月にマネーロンダリング（資金洗浄）対策の指針を作成した。これはアルカイダなどのテロ活動資金の供給を止めるという国際的な要請に応《こた》えたものだが、日本国内の暴力団など反社会的勢力の資金の流れを断つことを強烈に意識していることは言うまでもない。

さらに、金融庁も、銀行、保険会社、証券会社など金融機関が守るべき基本原則を作り直し、その中で「反社会的勢力との関係の遮断」を明示している。具体的には、もし相手が反社会的勢力だと判明した場合には、金融機関は取引を破棄できるという条項が契約書に盛り込まれることになる。そして、もし、取り組みが不十分ならば、業務停止など厳しい行政処分が下されるばかりではなく、機関投資家や他の金融機関との取引が打ち切られるなど金融業界内部からのペナルティも受けることになる。金融庁ではこうしたルール作りにより、業界の自浄力を働かせたい考えだ。

資金は経済活動の血液であり、金融機関はそれを全身にくまなく送り出す心臓の役割を果たすものだ。その意味で、これまで言及してきた一連の暴力団対策は、血液の流れを遮断することで、ガン細胞のように日本経済を蝕《むしば》む暴力団系企業を壊死《えし》させることを狙うものだといえよう。

これに対して、経済界の一部からは、暴力団対策に伴う規制強化が貸し渋りやIPO（新規株式公開）の減少による新興市場の低迷を招く要因になっているとして、批判の声が上がっていることも事実だ。しかし、暴力団の表経済への浸透は予想以上に深刻化していることを考えれば、ある程度の規制強化は、事態を改善するためのショック療法になるのではないかと筆者は受け止めている。

復活する闇社会と表経済の癒着

さらに、ここで注意しなければならないのは、闇《やみ》勢力と表経済の関係のすべてが、加害者と被害者という単純な構図で割りきれるわけではないということだ。一部には純粋に被害者とはいえないような企業が存在するのである。

この点についてもう少し詳しく述べていこう。

二〇〇二年以降、いざなぎ景気を越える戦後最長の好景気が続いてきたとはいわれるものの、国民レベルには全くその実感はない。実際、八〇年代末のような社会全体を巻き込んだバブル現象は起こっていない。だが、詳細に見ていけば、ITバブルやネットバブル、IPOブームなど株式マーケットを舞台とした小規模なバブルが盛り上がっては弾《はじ》けてきた経緯がある。

依然として日本では空前の低金利が続いており、行き場を失った資金が特定の分野に殺到し、バブル的な状況が生まれやすい環境が出来上がっているのである。そして、それに拍車を掛けているのがネット取引の爆発的な普及だ。

一方、バブル崩壊以降、価格の下落が続いていた不動産に関しても、〇三年頃から大都市圏を中心に持ち直し、ここ数年は東京の都心部の一等地といわれる地域では、かつてのバブル時代さながらの争奪戦が展開されるようになっている。

このように株と不動産のミニバブルが続く中で、闇勢力も巨額の資金を狙って、この分野への浸透を図ってきた。その詳細については次章以降に譲るとして、ここでは簡単にその構図について言及しておくと、たとえば、不動産に関してはいわゆる「地上げ」が復活し、それに暴力団系の企業がかかわるケースが見られる。

かつてバブル時代には、地上げの依頼や手形に関するトラブル処理、総会屋絡《がら》みのトラブル処理などを媒介として企業と闇勢力との癒着が進み、こうした関係が多くの経済事件の温床となっていった。その最も代表的なものが、大阪の中堅商社イトマンを舞台としたいわゆる「イトマン事件」である。

当時、戦後最大の経済事件と呼ばれたこの事件では、主犯格の許永中受刑者らを通じて三千億円もの資金が闇社会に流れ込んだといわれている。これらの資金は融資などの形で当時の住友銀行から引き出されたものだった。

事の発端はイトマンの経営難にあった。メーンバンクだった住友銀行から送り込まれた河村良彦《よしひこ》社長は粉飾決算をごまかすために、金儲《かねもう》けのタネを探していたのだが、そこにつけ込んだのが、当時、地上げ屋や仕手戦などを手掛けていた伊藤寿永光《いとうすえみつ》氏だった。

常務としてイトマンの経営にかかわるようになった伊藤氏は、仕手戦を通じて親密な関係になった許永中受刑者を引き込み、イトマンの経営再建を装《よそお》いながら、乱脈な不動産投資を繰り返したり、美術品や骨董品《こっとうひん》を法外な値段で買い取らせるなどの方法で、イトマンを食い物にしたというのが事件の概要である。

伊藤氏と許受刑者が、手際《てぎわ》よくイトマンや住友銀行に食い込み、資金を引き出す舞台装置を作ることが出来た背景には、暴力団の力があったと見られている。その意味では、伊藤と許という二人のバブル紳士も、闇勢力のフロントに過ぎなかったわけである。

そして、企業の弱みにつけ込んで経営者を操り巨額の資金を巻き上げるという、この手のやり方は、それを仕掛ける側にしてみれば極めてリスキーだと言わざるを得ない。彼らが簒奪《さんだつ》した資金は、損失という形で計上されてしまうため、事件化する可能性も高い上に、証拠を残す形となり、常に背任や商法違反などのリーガルリスクを負わされることになるからだ。

実際、伊藤氏と許受刑者、河村氏らは、九一年に大阪地検特捜部に特別背任容疑で逮捕されている。

さらに、許受刑者は、保釈中の九六年に今度は東京の石油卸商社「石橋産業」を食い物にすべく動き出す。社内の内紛で流出した同社株を取り返すと言って同社に接近し、一八〇億円もの手形を詐取《さしゅ》したのだが、この件でもやはり逮捕、有罪判決を受け、現在も収監中となっている。

これと比べれば、近年、闇勢力の企業への食い込み方は、リスク管理という観点では格段にスマートなものになっているといえるかもしれない。

後の章で詳しく述べるが、新興市場を舞台に仕手戦に絡む新株発行や増資、また、IPOなどを巧みに活用するために、関係者には損が出にくい構造が出来上がっている。さらに、餌食《えじき》となるベンチャー企業の経営者も、事業でコツコツ儲けるより手っ取り早く大金が入ればいいという意識が強いことが、こうした傾向に拍車をかけている。

結局、損をするのは、ネット取引などを通じてそういった怪しげな株に手を出していた不特定多数の一般投資家ということになり、被害の特定がなかなか出来ないケースが多い。そのため、表面化が遅れてしまうのである。その意味では、闇勢力とベンチャー起業家の「ウィン・ウィン関係」が築かれ、暴力団やその周辺の協力者にとっては理想的な状況になっているといえるかもしれない。

話をバブル時代に戻そう。

当時は住友に限らず、他の都市銀行でも闇勢力がかかわるような怪しげな案件に巨額の融資をするケースが続出し、バブル崩壊後、その多くは不良債権と化した。そして、不良債権処理は十年以上にもわたって銀行の経営に重くのしかかった。

もちろん、バブルで発生した不良債権のすべてが闇勢力絡みだったというわけではない。だが、その比率は決して低いものではなかったはずだ。さらに、暴力団がかかわっていたことが、不良債権処理を難しくし、その遅れが新たな不良債権を産み出していった。

特に注目すべき点は、不良債権化した不動産物件を占有して法外な立《た》ち退《の》き料を狙ったり、バブル崩壊のあおりで潰《つぶ》れかけた会社の経営を乗っ取って巨額の手形を振り出させるなど、様々な手口を駆使することで、バブル崩壊後の不良債権処理のプロセスにおいても、闇社会には巨額の資金が流れ込んだことだ。つまり、バブルが膨らむ段階とその後始末の段階の二度にわたって、暴力団など闇社会は表経済を散々食い物にしたのである。

こうした状況を背景として、バブル期以降、闇社会ではいわゆる経済ヤクザが急速に台頭していく。その代表格と言えるのが、東京では稲川会二代目の石井進（隆匡《たかまさ》）会長であり、関西では山口組五代目若頭を務めた宅見勝・宅見組組長だった。

特に宅見組は、前述したイトマン事件において伊藤氏や許受刑者との関連が取り沙《ざ》汰《た》された経緯がある。最盛時には数千億円もの資金を動かしていたとまでいわれた宅見組長は、九七年に暴力団同士の抗争の中で暗殺されたが、彼の築いた利権は現在の六代目山口組に受け継がれているといわれ、その意味ではまさに経済ヤクザのビジネスモデルを作り上げた人物だったといっても過言ではない。

このように闇勢力が絡んだ不良債権の悪循環の中で、財務体質が悪化した大手銀行は再編淘汰《とうた》され、メガバンク三行を中心とした現在の業界の体制が固まっていったことは、読者の皆さんもご存知の通りだ。

バブルの後遺症に苦しんだのは銀行だけではない。土地絡みの問題についていえば、建設会社や不動産会社をはじめとする一般企業においても事情は同じだった。倒産する企業も相次ぐ中、リストラを伴う血のにじむような業界再編により、なんとか活路を見出《みいだ》したのである。

これほどの痛みを経たにもかかわらず、再び暴力団系の地上げ屋が横行し始めたことには、正直言って驚かされる。まさに「喉元《のどもと》過ぎれば熱さを忘れる」という諺《ことわざ》を地で行った話だ。

さらに、暴力団系の企業が絡んだ不動産には、金融機関やノンバンクなどの巨額な融資がつけられたものも存在する。その意味では、〇七年の夏以来、米国に端を発するサブプライムローン問題が拡大していく中で、バブル時代の悪夢が再現される可能性も否定できない状況となっているのである。

クローズアップされた「共生者」

霞《かすみ》が関《せき》が、企業や業界団体と連携して闇勢力に対する巻き返しに乗り出している背景には、こうした危機意識が反映されていると見て間違いないだろう。

そして、この反攻の〝烽火《のろし》〟となったのは、平成十九年度版『警察白書』だった。すでに述べた通り、そこでは大々的に暴力団特集が組まれた。これは実に十三年ぶりのことで、反社会的勢力排除に向けた警察の並々ならぬ決意を示したものとして受け止められている。

その中では、暴力団の〝経済活動〟について、詳細に言及されていたが、特筆すべき事項として取り上げられたのは、暴力団の〝ビジネス〟を助ける「共生者」の存在である。そして、今後は暴力団やフロント企業ばかりではなく、周辺部で暴力団の〝ビジネス〟を助ける共生者にもドンドンメスを入れていく方針を示した。

『白書』は彼ら共生者を、「表面的には暴力団との関係を隠しながら、その裏で暴力団の資金獲得活動に乗じ、又は暴力を背景としたその威力、情報力、資金力等を利用することによって自らの利益拡大を図る者たち」と定義づけ、具体的には「総会屋」、「事件屋」、「仕手筋」、「暴力団関係企業」、「社会運動等標ぼうゴロ」などを挙げている。

ただし、これらの連中は以前から暴力団の周辺に存在するといわれる、いわばおなじみの面々で、あえて『白書』で強調するほどの目新しさには欠けると言わざるを得ない。

むしろ、『白書』が強調しているのは、「証券取引への進出」や「マネーロンダリング」など、暴力団の〝ビジネス〟が大きな広がりを見せはじめている、ということだ。M&Aや証券化ビジネス、投資ファンドや海外のタックスヘイブンの活用など、そこでは法律や金融の専門知識が求められる。当然、これらをサポートする弁護士や金融のプロが共生者として欠かせない存在となってくる。

実際、ここ数年、経済事件を取材していると素行の悪い弁護士がやたらに目に付くというのが、筆者の率直な感想だ。

例えば、東証マザーズ上場の電気検査装置メーカー「オー・エイチ・ティー」（OHT）を巡る株価操縦疑惑には、キーマンとして元NHKニュースキャスターの元夫のT弁護士が登場する。

現在失踪《しっそう》中のT弁護士は〇五年十一月から〇七年五月にかけて、知人の名義を借りるなどしてOHTの株を買い進め仕手戦を仕掛けたが、指定暴力団の最高幹部もその資金源となっていたというのだ。

司法制度改革によりそれ以前は年間五百人程度だった司法試験の合格者が、現在では年間三千人近くにまでなろうとしている。それにともない弁護士自体が供給過剰になっていることもあるが、近年のモラルハザードには目に余るものがある。共生者として、暴力団に取り込まれる弁護士も少なくないというのが現状なのである。

闇社会と法曹界に関連して最近起こった特筆すべき出来事は、田中森一《もりかず》元弁護士の収監である。やや、話はそれるが、この件について言及しておくことにする。

東京地検特捜部に所属するエリート検事だった田中氏は退官後、いわゆる「ヤメ検」となってからは山口組などの暴力団幹部や数多くの事件屋、総会屋などの顧問弁護士を務め、「闇社会の代理人」と呼ばれた。

あの許永中受刑者とも以前から親しくしていたが、結局、この関係があだとなる。前述した石橋産業事件では巨額詐欺《さぎ》の共犯として逮捕され、〇八年二月に最高裁で懲役三年の実刑が確定。この判決に基づいて同年三月三十一日に東京拘置所に収監されたのである。

田中氏は〇七年に出版した著書『反転――闇社会の守護神と呼ばれて』の中で検察を批判、この本が二十五万部を超えるベストセラーとなったこともあり、彼の収監は大いに世間の注目を集めた。

さらに、収監後の四月七日に今度は詐欺容疑で再逮捕となったことで、田中氏の検察批判を国家権力が強引な国策捜査で封じ込めたという見方がマスコミの一部で盛り上がったが、この件に関する筆者の見解はそれとは少し異なる。

そこには検察の大きな方針転換があったというのが筆者の考えだ。

田中氏はヤメ検弁護士となってからは、主に大阪など関西中心に活躍した。ヤメ検弁護士は東京でも数多く活躍しているが、その弁護方針は東京と大阪で微妙に異なるという。

「やや大まかに言えば、東京バージョンのヤメ検は検察との対決姿勢を基本としていたのに対して、大阪バージョンでは検察との馴《な》れ合いが基本だった」（検察関係者）

田中氏はこうした悪弊とも言うべき古い体質の中で活躍してきた人物だったのだ。

しかし、すでに述べてきた通り、ここ数年、警察と検察は暴力団などの闇勢力を追いつめて、殲滅《せんめつ》していく方針を打ち出している。その背景には明確な国家の意思があると見て間違いない。これまでは暴力団の取締はある程度の馴れ合いの下に進められてきたが、当然そういう体質も改めなければならない。

闇勢力と警察・検察が完全に決別し、明確に対決姿勢を取ることが国家的な要請となる中で、東京高検幹部は次のように言い切る。

「はっきり言って、大阪的な馴れ合いのシステムは、反社会的勢力を厳しく取り締まる上で大きな障害となっている」

そして、その大阪的なシステムの象徴として君臨する田中氏は、検察にとっては敵以外の何者でもなかったというわけだ。その意味においては、田中氏の収監と再逮捕は、まさに国策捜査だったと言えるだろう。

一般人と暴力団のボーダレス化

次に金融界の「共生者」に目を向けることにする。

二〇〇四年には山口組旧五菱会《ごりょうかい》系のヤミ金融グループが、年利一〇〇〇%とも言われる暴利で荒稼ぎした資金約五〇億円を、クレディ・スイス銀行香港《ホンコン》支店を通じて、スイス本店の無記名口座に隠したマネーロンダリング事件が発覚した。この事件では、同銀香港支店でプライベートバンキング部門を担当していた元幹部行員が、マネーロンダリングの指南役だったとして警視庁に逮捕されている。

この元行員は、メガバンクから外資系銀行に華麗な転職を遂げたエリートだった。組織犯罪処罰法違反（犯罪収益等の隠匿《いんとく》）で告訴されたものの、その後の裁判で「資金が犯罪の収益だったという認識がなかった」として無罪判決が確定。しかし、当時、多くの自殺者を出して深刻な社会問題となっていた「ヤミ金」のマネロンに、社会的にエリートといわれるような人物が、知らなかったとはいえ手を貸していたことは、金融界に大きな衝撃を与えた。

これまで述べてきた出来事から筆者が感じることは、いわゆる、社会的なエリート層と闇《やみ》社会との距離が、以前よりずっと縮まってきているということだ。これも、前述した新自由主義的な競争社会の弊害だといえるかも知れない。ライブドアの堀江貴《たか》文《ふみ》元社長が言い放った「稼ぐが勝ち」という言葉に代表されるような風潮がエリート階層にも浸透し、いままで、暴力団などとまったく無縁に生きてきた人間が、ちょっとしたきっかけで共生者と化してしまうケースが増えているのである。

もっとも、この問題に関連して金融業界について、多少筆者の見解を補足しておくと、確かに、金融マンとヤクザというのは本来であれば社会の両極端の存在だが、その一方で、利益を極大化したいという共通項も持っている。要するに、儲《もう》かってしまえばこっちのものだという発想は実によく似ているのである。

欧米の金融機関を含めて、金融界を外部から長年見てきた筆者に言わせれば、そもそも、金融の世界の正義というのは、普通の世界の正義とは異なる部分がある。スイスの銀行をはじめとして、欧州には伝統的にマネーロンダリングに手を染める銀行が少なくなかったという事実が、そのことを象徴している。

もちろん、世界規模でテロ撲滅が叫ばれている現在の国際情勢下においては、何が何でも守秘義務で通せるものではないが、それでも出来うる限り隠そうとするし、特に個々の銀行員の中には依然として違法性の意識が低い者が存在することは間違いない。マネーロンダリングに関しては、被害者の特定がしにくいことがこうした意識を助長しているのだろう。

欧米ではイリーガルな行ないで得た財産は、全額没収されるということがルール化されている。マネーロンダリングのニーズが無くならない背景には、こうしたことも強く影響しているといえるだろう。

すなわち、犯罪組織などが違法行為でいくら金を稼いでも、その金を派手に使うことはできない。使えない金はいくら貯《た》まっても何の意味もない。逆に使えない金を使えるように出来るなら、多少のコストがかかろうと関係ない、ということになる。

そのため、マネーロンダリングは確かにリスクは高いが、その反面、手数料も破格で、銀行の中で自分の成績を上げたいと考えている行員にとっては、一攫千金《いっかくせんきん》を狙《ねら》える魅力的なビジネスなのだ。

コンプライアンスの問題もあって、銀行が企業ぐるみでマネーロンダリングに手を貸すことはほとんど考えられないだろう。しかし、一行員が独自で判断したという形でマネロンに手を染めるというのは、依然として大いにあり得る話なのである。

その意味では、香港を舞台とした旧五菱会のマネロンは、外資系金融機関が起こしたことだが、関係者の多くは日本人であることを考えれば、いよいよ、日本の金融マンのモラルも〝グローバル・スタンダード〟並になってきたといえるかもしれない。

日本ではそもそも護送船団方式の下で、政府と銀行業界が一体化して経済の根幹を担《にな》ってきた経緯がある。そこでは金融当局は銀行の箸《はし》の上げ下ろしまで厳しく規制しつつも、基本的には〝性善説〟に立った指導をしてきた。

しかし、社会・経済の様々なシーンにおいて規制緩和が進み、日本も「事前チェック型」から「事後チェック型」の社会に生まれ変わろうとしている中で、金融当局にもプレイヤーの善意に頼るのではなく、どんな反則でも起こりうるという意識の下で、きちんとした審判役を務めてもらわなくてはならない。

一方、社会全体の大きな変化として筆者がもっと深刻に捉《とら》えているのは、一般人と暴力団のボーダレス化とでもいうべき現象も起こっていることだ。

例えば、〇八年四月には、現役の早大生が被害総額二〇億円ともいわれる巨額振り込め詐欺グループのメンバーだったとして逮捕された。また、公務員や学生など堅気の人間が違法な風俗店などを開業して逮捕される事件も、全国で頻発している。これらの事件に代表されるように、素人《しろうと》がいともたやすく一線を飛び越えて犯罪者となってしまうのが、近年の傾向だ。

こうした状況が蔓延《まんえん》する中で、闇勢力がその活動テリトリーを拡大しやすい社会状況が醸成されている。そして、それが暴力団の表経済への侵蝕《しんしょく》を助長しているのではないだろうか。

第二章

不動産ミニバブルの影で跋扈《ばっこ》した闇《やみ》勢力

有名料亭の奇怪な土地売却話

東京銀座——。新宿や渋谷などの副都心ばかりではなく、二十一世紀に入って以降、六本木ヒルズや汐留《しおどめ》シオサイト、東京ミッドタウン、表参道ヒルズ、赤坂サカスなど新たな巨大複合施設が都心部に次々と誕生する中で、この明治以来の伝統ある繁華街は依然として、東京を、いや日本を代表する商業エリアであり続けている。

ここ数年、世界の高級ブランドが競うように出店を進めているこの街を、バブル時代の再来を思わせるような不動産の高騰《こうとう》が襲っている。その原動力となっているのが、外資系金融機関による巨額の投資だ。

二〇〇七年八月、米国の大手投資銀行ゴールドマン・サックスが中央通りに面した銀座の一等地、ティファニー銀座本店ビルを買い取った。この時の取得金額は総額で三八〇億円、坪単価ではなんと一億八〇〇〇万円にも達した。九〇年前後のバブル経済最盛期でも「坪一億円」といわれていたことを考えれば、いかに銀座の土地が高騰しているかが分かるだろう。

さて、このティファニー銀座本店から中央通りを新橋方面に向かって歩くと、銀座三越、サッポロ銀座ビル、銀座松坂屋などの商業ビルが続く。

三越は伊勢丹《いせたん》と経営統合。サッポロホールディングスは米国の投資ファンド、スティール・パートナーズにＴＯＢ（株式公開買い付け）を仕掛けられた。松坂屋は村上ファンドに株を買い占められるなどのゴタゴタを経て、大丸と経営統合した。

このように、これらの不動産を所有する企業がすべて近年、Ｍ＆Ａに関連してニュースに取り上げられたことは偶然ではない。こうした動きの背景には、優良不動産がもたらす莫大《ばくだい》な含み益が存在すると見て間違いない。

さらに、中央通りを挟んで三越の向かい側にたつのは、時計台で知られ銀座を代表するランドマークである和光本館だが、その親会社のセイコーホールディングスは、ここ数年この本館近辺で積極的に不動産を買い進めている。

そして、この「局地的な不動産バブル」に引き寄せられてきたのは、外資や投資ファンドばかりではない。一坪一億円を越える〝黄金郷〟を目指して、闇《やみ》勢力もまた水面下で活発な動きをみせているのである。

例えば、銀座の一角では、こんなことが起こっている。

「実名を挙げたら誰でも知っているような老舗《しにせ》料亭を舞台に、奇怪な土地売却話が持ち上がっているのです……」

そう語るのは、もっぱら関東エリアの大型不動産案件を手掛ける不動産ブローカーだ。そして、資料を取り出すとこう続けた。

「銀座で現在、進行している開発プロジェクトの計画概要の一部です。ご覧の通りその老舗料亭の敷地がスッポリと収まっているのです」

この開発プロジェクトは、総敷地面積一三〇〇平方メートルの土地に、地上十三階地下二階の複合商業ビルを建てるというものだ。

「プロジェクトを進めているのは、ある一部上場企業です。計画概要図と公図からも明らかなように、その超有名料亭の店舗及びその用地売却が前提となっています。そして、その売却話はほぼまとまっているというのです」（前出の不動産ブローカー）

とは言っても不思議なのは、売却話がまとまりつつあるというその店舗は、その料亭にとってはまさに本拠地ともいえる存在なのだ。

そうなると〝本拠地〟を売却した後、その老舗料亭は近隣に移転するのだろうか、それとも銀座エリアから撤退してしまうのだろうか。

「間違いなく〝撤退〟ということになるでしょうね」と断言した不動産ブローカーは、声を潜めてこう付け加えた。

「そもそも、料亭側は店舗を売却する気などサラサラなかった。しかし、若旦那《わかだんな》が個人的に多額の借金を負ってしまい、その返済のために店舗を売らざるを得ない状況になってしまったのです」

しかも、さらに奇怪なことに、その老舗料亭のメーンバンクがこう証言する。

「若旦那、つまり社長が、個人的に多額の借金を抱えているなどということは、われわれとしては全く初耳です。だいたい、料亭が銀座の店を売却すること自体、聞いてない」（メーンバンクを務めるメガバンク幹部）

いったい、若旦那が抱えてしまったという〝多額の個人的借金〟とは、どのようなものなのだろうか。そもそも、そんな借金は本当に存在するのだろうか——。

そんな疑問を抱いた筆者がさらに取材を進めると、金融界の裏事情に詳しい都内の金融会社の代表が、次のようなことを教えてくれた。

「間違いなく借金はある。その総額はきっかり一二億円というから、個人が抱え込むにしては莫大な金額だ。いくら、有名店だからと言って、右から左に用意できる額ではない。しかも、相当にヤバイ筋からの借金だというから、虎《とら》の子の店舗を売却せざるを得なかったのだろうね」

「ヤバイ筋」とは、いったい何なのか。筆者がこの点を確認すると、金融会社代表はニヤリと笑ってこう言った。

「ご想像通り、ヤクザ絡《がら》みの借金さ」

しかし、それ以上のことは教えてはもらえなかった。

暴力団情報に詳しい何人かのネタ元に取材をした上で、複数の老舗料亭の関係者にも事情を聞いて浮かび上がってきたのは、次のようなストーリーだった。

数年前のことになる。実業家風の男が急に老舗料亭の支店をよく訪れるようになった。これはいい客を摑《つか》んだと思って、若旦那が応対しているうちに、妙にウマがあった二人は、しばしば、連れ立って遊び歩くようになった。ある時、その男が若旦那を「ある場所」へと案内したのだという。

「それが、どうも都内某所の裏カジノだったらしいんです」(暴力団情報に詳しいジャーナリスト)

そこでバカラ賭博《とばく》に挑戦した若旦那は大勝ちし、かなりの額を稼いだ。もちろん、これが〝罠《わな》〟だったことは言うまでもない。ビギナーズラックに気をよくして、あっさりとバカラにのめり込んでいった若旦那が気がついたときには、負けは一二億円にまで膨らんでいた。

この段階で実業家風の男は、その〝正体〟を現す。彼は暴力団の幹部だったのだ。それまでとは一転して強面《こわもて》になった男から脅迫まがいに借金の返済を迫られても、警察に届けるわけにもいかない。何しろ違法賭博でできた借金だから、若旦那にも弱みがある。それで、泣く泣く土地売却を検討する羽目になったのである。

男が最初からこの老舗料亭の土地に狙《ねら》いを付けていたのかどうかは定かではない。しかし、若旦那に接近し、見事に籠絡《ろうらく》したことだけは確かだ。

いわゆる「地上げ」というよりは、もはや詐欺《さぎ》や恐喝に近いかなり強引なやり方だが、そうやって宙に浮いた土地が大手企業の大規模再開発プロジェクトに吸い込まれていくメカニズムは注目に値する。

五〇坪の土地をめぐる争奪戦

また、二〇〇七年にはこんなこともあった。銀座八丁目の超高級寿司《すし》店の隣に五〇坪ほどの土地があったのだが、そこがなんと三〇億円で取引されたというのだ。坪単価にして六〇〇〇万円、表通りから少し入ったロケーションを考えれば、あまりに法外な値段だと言わざるを得ない。

「こんなに狭い場所に鉛筆みたいなビルを建てて賃貸しようが、分譲しようが絶対にペイしません」（不動産会社幹部）

この土地を最終的に買い入れたのは、東証一部に上場する新興不動産関連会社だった。彼らはＲＥＩＴ（不動産投資信託）や不動産ファンドを組成する上で、この物件を〝目玉〟にするつもりなのだろう。つまり、「うちのファンドには銀座の物件も組み込まれています」という宣伝用というわけだ。

最終的にペイしない物件を証券化しても、いわゆる「収益還元法」では、投資家に利益がもたらされることはない。利益は同じファンドに組み込まれた他の物件である程度確保するとして、「銀座」という一流ブランドを入れておくことで見栄《みば》えをよくして、売りやすくしたいと考えたのだろう。

こうなると不動産ファンドというのも、「必ず一流ブランド品が入っています」と言って、売りさばかれる怪しげな福袋と変わらない。

ＲＥＩＴや不動産の証券化、収益還元法などについては、後で詳細に述べることにして、話を続けよう。

ところが、である。この猫の額ほどの土地を狙っていたのは、前述した東証一部上場の新興不動産関連会社だけではなかったのだ。

「関西の不動産ブローカーがこの物件の獲得のために動いていたようです」（前出の不動産会社幹部）

このブローカーは融資を受けようと、いくつかの銀行を回ったのだが、結局、どこもそれに応じなかった。

「あまりにも価格が高すぎて、どう活用しようと到底元が取れない。それでも欲しいというのは転売目的としか考えられない。バブル時代の反省から、多くの銀行は露骨な土地転がしへの融資を自粛しているのです」（大手銀行幹部）

こうして、この物件は東証一部上場の新興不動産関連会社の手に渡ったのだった。

それにしても、なぜ、このブローカーはわざわざ、関西から東京へ出てきてまで、こんな割高の物件にこだわったのだろうか。そこには、ここ数年の東京都心部の不動産事情が密接に関係していると見られる。

この章の冒頭で述べたような大規模な再開発が注目を集める一方で、それが一段落した〇六年頃からは中規模小規模物件の開発、さらには、昭和三十年代から四十年代にかけて建てられたビルの建て替えも進んでいるのである。

どうせ建て替えるのならついでに、同じように老朽化した近隣のいくつかの物件と合わせたプロジェクトにすれば、小規模物件が中規模に、中規模の物件を総延べ床面積が一〇〇〇〇平方メートルを越えるような大規模物件にすることもできる。

五〇坪の極小規模物件でも、場所は銀座である。しかも、近辺には老朽化した小物件がいくつかあるとなれば、話は変わってくる。銀座の土地の高騰につられて、一帯を巻き込んだ再開発プロジェクトが進めば、極小規模物件が大きな価値を生む可能性もある。

実際、銀座の裏道を歩いていると、そこここで中小規模物件の建設が進んでいるのが分かるだろう。同時に、築三十年から四十年は経《た》っている四、五階建てのビルが空き家になっているのを見かけるが、坪単価一億円を越えるという表通りの価格を考えれば、こうした物件を〝橋頭堡《きょうとうほ》〟に一角の再開発を仕掛けるなり、既存の計画に割り込んでいくというビジネスが十分に成り立ちうる環境が整っていると言えるだろう。

一方、こうした中小規模物件の開発、老朽化したビルの建て替えによる新たなオフィス・商業ビルなどの供給は、銀座や丸の内、大手町、赤坂、六本木などの都心部の超一等地ばかりではなく、そもそも中小物件が多かったその周辺地域や新宿、渋谷、池袋などの副都心でも活発化している。昭和三十年代から四十年代にかけてビル化が進んだこれらの地域には、築後三十年、ものによっては四十年以上を経て、建て替え時期を迎えた物件も多い。

ただし、バブル時代の銀行融資の焦《こ》げ付きなど、様々な荒波を経てきた古い物件の中には、所有権や賃借権など権利関係が複雑にこじれている物件も少なくない。それがまた、闇勢力につけ込む隙《すき》を与えているのである。

青山路上刺殺事件の背景

二〇〇六年にはこんな事件が起こっている。三月五日の午後十時頃、東京港区北青山の路上で、ビル管理会社顧問の野崎和興《かずおき》氏が二人の男に刺殺された。刺し傷の深さや体の数カ所を狙う執拗《しつよう》な手口、手際《てぎわ》の良さから考えて、明らかにプロの犯行だと見られるが、犯人は依然として捕まっていない。

現場は、地下鉄表参道駅近くの青山通り沿い。夜間とはいえ、まだまだ人通りの多い時間帯に、東京を代表するようなファッショナブルな一角で起こった惨劇が与えた衝撃は大きかった。

警察が注目したのは、死亡した野崎氏が東京渋谷区にある「真珠宮《しんじゅく》ビル」といういわくつきの物件に深く関わっていたことだった。

一九七八年に建設された地上十二階地下一階建てのこのビルは、所在地こそ渋谷区だが、新宿駅南口から歩いて数分、新宿駅西口と代々木駅を結ぶ通りに面し、JR東日本ビルの真裏に位置するかなりの〝優良物件〟だ。

しかし、バブル崩壊後、九五年にビルを所有していたオーナー一族が経営する管理会社の社長が死亡してから、この物件を巡る迷走が始まる。九〇年代後半になると、この物件の権利を遺産相続した一族間の争いに乗じて、闇勢力がつけ込んできたのである。

複数の暴力団が所有権を奪い合い、逮捕者まで出るゴタゴタを経た後に、〇四年六月にこのビルを購入したのは、ワンルームマンション開発で知られる東証二部上場の不動産会社「菱和《りょうわ》ライフクリエイト」だった。

これに対して、九六年からオーナー側のビル管理会社の経営にかかわっていた野崎氏が、菱和ライフの所有権に異議を唱え訴訟を起こした。そもそも、菱和ライフサイドにこのビルを売ったフェニックス・トラストという不動産会社が、実際には正当な所有権を持っていなかったというのが、訴えの根拠だった。

結局、〇五年二月にこの売買契約は白紙に戻される。ところが、ビルの所有権はオーナー一族側には返還されず、フェニックス社による再度の転売によって暴力団山口組系後藤組のフロント企業である金融会社の手に渡ってしまったのだ。

野崎氏の殺害には、真珠宮ビルを巡ってのこうしたいきさつが密接に絡んでいると睨《にら》んだ警視庁による捜査は、事件発生から二カ月で急展開を見せる。

〇六年五月八日に、後藤組の後藤忠正《ただまさ》組長と菱和ライフの西岡進社長（当時）、フェニックス社社長ら十人が「電磁的公正証書原本不実記録・同供用」容疑で逮捕されたのである。後藤組は実際には所有権を持っていないフェニックス社から購入するという形でビルを不正に乗っ取ったのだから、その所有権を移転登記すること自体が虚偽登記となり犯罪に当たるというのが逮捕の理由だった。

当時、野崎氏の事件を視野に入れた上での、「別件逮捕」というのが多くのマスコミの論調だった。それにしても、なぜ後藤組の関係者だけではなく、菱和ライフからも逮捕者が出ることになったのだろうか。

「警視庁で捜査を進めていたのは組織犯罪対策四課だったのですが、同課は後藤組と菱和ライフ、さらにそもそも菱和にビルを売ったフェニックス社が共謀して乗っ取りを計画したと睨んでいたようです。西岡社長があえて真珠宮ビルのような、いわくつきの物件に手を出したことで、警察サイドも疑念を持ったのではないでしょうか」
（警察関係者）

都心部での地価の高騰《こうとう》を背景に、上場企業と暴力団が結託して不動産の乗っ取りを狙ったというストーリーは大いに衝撃的だったものの、事件は警察にとっては思わぬ方向へ展開していく。

〇七年二月に一審の東京地裁は、西岡氏に対して「無罪」の判決を下したのである。その後、東京地検は控訴を断念し、同氏の無罪は確定したのだった。さらに、〇八年三月には、後藤組長にも無罪判決が言い渡された。（一〇年五月、二審、東京高裁では逆転有罪判決）

これら一連の判決は、まさに警察の〝勇み足〟を浮き彫りにする形となった。野崎氏殺害事件の真相を明らかにするどころか、強引な別件逮捕により、警察・検察のメンツが丸潰《まるつぶ》れとなる結果に終わったのである。

にもかかわらず、司法当局にはそれほどの敗北感はないようだ。

「そもそも、警察サイドにも事件としては無理筋だという認識はあったようです。菱和ライフに関しては読み違いだったかも知れませんが、後藤組長に関しては逮捕する

こと自体に意義があると考えていたのではないでしょうか」（前出の警察関係者）

いわゆる、「国策捜査」ともいえるこうした捜査手法にかなりの問題があることは否《いな》めないが、ここではあえてその点を論ずることはしない。筆者が強調したいのは、警察も闇《やみ》勢力の排除にかなり腹を括《くく》って乗り出しているということだ。

昭和三十年代後半から四十年代にかけて、警察は何度か「頂上作戦」と呼ばれる摘発を行ない、組長をはじめとする暴力団幹部を逮捕して闇勢力の弱体化を図ってきた。その意味ではここ数年、警察は「平成版頂上作戦」を展開していると見て間違いない。

しかし、今回の摘発はかつての頂上作戦とは大きく異なるニュアンスがあるというのが筆者の分析だ。

かつて暴力団のシノギは金融、バクチ、売春などを中心とした比較的限られた分野だった。このうち、バクチと売春は明らかな違法行為であり、金融にしてもとんでもない高利で貸し付ける、いわゆるヤミ金融が主流で、いずれにせよ違法行為には変わらなかった。すなわち、イリーガルなビジネスが闇勢力の温床となってきたわけだが、逆に言えばそれは一般社会からは明確に隔絶した領域だったのである。

ところが、八〇年代末に始まったバブル時代を境に、ヤクザの経済分野への進出が進み、その勢いは九二年の暴力団対策法施行後も衰えることはなかった。近年さらに加速し始めたヤクザの表経済への進出を何とかくい止めたいというのが、平成版頂上作戦の真意であると筆者は睨んでいる。

同時に今回の逮捕劇は一般企業に対しては、暴力団が絡《から》んでいる物件に手を出すことのリスクを知らしめることにもなった。それはその後の菱和ライフの状況を見れば、一目瞭然《いちもくりょうぜん》だろう。

社長の逮捕・起訴という事態に直面し金融機関からの資金調達が困難になった同社は、TOB（株式公開買い付け）により投資ファンドの完全子会社となった後、〇七年六月には上場廃止、翌月には社名もクレアスライフと変更されたのである。

これに対して、西岡氏は〇七年十月に違法な捜査によって損害を受けたとして、国と東京都を相手に約一三八億円の損害賠償を求める訴訟を起こしている。この裁判によって警視庁と検察は窮地に立たされた形となった。しかし、いずれにせよ、真珠宮ビルにかかわったことで、財産、信用、時間など西岡氏が失ったものはあまりに大きかったと言わざるを得ない。

そんな彼の姿自体が、他の企業にとってはまさに司法当局からの「厳重な警告」と映るに違いない。

土地バブルを演出した「REIT」

こうした暴力団絡みの事件が起こる背景にはここ数年の東京都心部における地価の高騰があることはすでに述べてきた通りだ。次にその地価高騰を演出したといわれる「REIT（不動産投資信託）」、さらには「不動産ファンド」「不動産の証券化」「収益還元法」などについて述べていきたい。

そもそもの始まりには、バブル崩壊による不動産価格の大暴落があった。その後、外資の資金がファンドなどの形で流入し、東京の不動産市場を下支えするという構図が成り立っていたのだが、こうした流れに大きな転機が訪れたのは、一九九八年に「特定目的会社の証券発行による特定資産の流動化に関する法律」が成立・施行されてからだった。

この法律は、SPC（特定目的会社）の設立を容易にして、不動産の流動化を促進するためのもので、SPC法と呼ばれる。

この法律で規定されるSPCとは、不動産など特定の資産の収益性を裏付けとした有価証券を発行することだけを目的に設立される法人のことだ。同法では、SPCを設立する際の最低資本金を一〇万円と、商法で規定された株式会社の一〇〇〇万円と比べて極めて低い金額に設定して、SPCを作りやすくした。

不動産を、もともとそれを所有していた法人などからSPCに譲渡し、SPCが証券を発行することで小口にして、一般投資家から広く資金を調達するというのが不動産の流動化の定義だが、それを促進するためにSPC法では不動産の移転に伴う税金を軽減し、さらに、SPCが発行する証券を購入する投資家を保護するための情報公開の原則も定められた。また、SPCには一定の条件のもとに法人税が免除されるという特典が与えられ、賃料収入などの形で儲《もう》かった分は、すべて投資家に配分されることになった。

もう一つ、土地に投資が向かった大きな要因としては、バブルの時代まで主流だったキャピタルゲインが否定されて、収益還元法が絶対化されたことがあった。

キャピタルゲインとは、すなわち不動産の値上がり分を収益とする考え方だが、土地が永遠に上がり続けない限り、最後に誰かがババを摑《つか》むことになる。これに対して、収益還元法とはその不動産から得られる賃料などの収益をもとにして、価格を評価する方法で、欧米では以前から不動産鑑定評価の主流となってきたものだ。

キャピタルゲインを見込んだ不動産投資が、往々にしてバブルを発生させる要因となるのに対して、収益還元法に従えばバブルのリスクを避けられるというのが、不動産業界の一般的な認識だ。

この収益還元法が一般的になったことで、不動産投資に対する概念が一気に変わった。バブル崩壊後に誰も不動産に投資しなくなった大きな原因は、不動産の底値が見えないことだった。不動産を証券化して流動性を高めるためにも、その価値を確定することが求められたのだ。

そこで、ここにビルを建てれば家賃収入がこれだけあって、だからこの不動産の価値はこれだけなんですよという形で提示されれば、それなりの説得力があった。もちろん、それが本当に妥当かどうかは大いに議論の余地があるが、いずれにせよ、この収益還元法によってようやく不動産投資が活発になったことは確かだ。

このようにして、着々と条件が整えられて行くと同時に、世界的なカネ余りが重なって、内外の資金が一気に東京都心部の不動産へと流入し始めたのである。

こうした投資の受け皿となったのが、不動産ファンドだった。言うまでもなく不動産ファンドとは、投資家から集めた資金を不動産に投資しその不動産から得られた利益を投資家に分配する、というものだ。

それはプロの機関投資家などに限定して大口の投資家の資金を集める「私募ファンド」と、小口の一般投資家から広く資金を集める「REIT」の二種類に分けられる。

このうち、米国で生まれたREITは、公開株のように証券取引所に上場され不特定多数が取引できる。日本でも、〇一年九月に「日本版REIT」、すなわちJ－REITが東証に上場し、これで一気に一般投資家の資金が不動産市場に流れ込むようになり、不動産ファンド事業は急成長を遂げたのだった。

不動産投資の仕組みが整備されたことに加えて、さらに二つの要因が追い風となった。一つは「失われた十年」を経て、東京都心部など日本の不動産価格が国際比較で割安になっていたことだ。不動産の取得価格が安ければ、当然、運用利回りは上がり、それが不動産ファンドの人気につながった。

もう一つは、日本では空前の低金利が続いていたことである。それにより、少しでも高い利回りを求める投資家たちは、不動産ファンドへと資金をつぎ込む。さらに、日本の貸出金利は収益還元法により算出される利回りよりも低いため、ファンドを組成・運用する側も金融機関から低利で資金を調達し、その資金を自らのファンドに投資する。それにより運用利回りとの差額分が利益となり、ファンドの運用利回りがさらに上がることになる。

これらの要因が重なったことで、不動産ファンドへの資金流入は増え続けた。たとえば、ＲＥＩＴに関して、東証に上場するＲＥＩＴ全体の動きを示す「東証リート指数」というのがあるのだが、〇三年三月末を一〇〇〇として算出されるこの数字が、〇六年後半から高騰を始め、〇七年五月から六月にかけて一気に二六〇〇の大台を突破したのだった。

私募ファンドやその他の証券化不動産も増え続け、〇七年末の段階で、日本の証券不動産市場は二五兆円から三〇兆円の規模と推計されている。そして、その過半が東京都心部の物件に集中、残りのほとんども大阪、名古屋などの大都市圏の物件を組み込んだものだと見て間違いない。

この結果、東京、大阪、名古屋の三大都市圏の商業地・住宅地ともに〇六年に十五年ぶりに公示地価が上昇に転じて以来、三年連続で上昇を続け、特に東京圏の商業地に関しては〇八年一月一日時点でも前年に比べて一二％以上上昇するなど、ダントツの伸びを見せている。

ちなみに、この調査で商業地として二年連続で地価日本一となった銀座四丁目山野楽器銀座本店は、一平方メートルあたり三九〇〇万円で、九一年に記録した過去最高額を十七年ぶりに上回った。さらに、新たな地下鉄の開業が予定されていた新宿、渋谷、港の三区では、三〇%以上の上昇を記録した場所もあった。

こうした状況は、当初からある程度「バブル気味」ではないかと警戒感を持って捉《とら》えられていたが、収益還元法がある程度の歯止めになるという安心感があった。しかし、前述した〇六年後半からの東証リート指数の高騰は「リートバブル」と呼ばれるなど、不動産価格の上昇に投機的な要素が次第に色濃くなっていったのである。


不動産ファンドの運用には収益還元法が取られていたはずなのに、なぜこんなことが起こってしまったのだろうか。この点について考えてみたい。

いくら都心部とはいっても高収益を狙《ねら》える不動産には限りがあるから、当然人気は特定の物件に集中し、価格は高騰しやすくなる。収益還元法においては、賃料に見合った価格でしか不動産を取得しないはずだが、現実には獲得競争が激化すれば、多少無理をしても人気物件を手に入れようとするだろう。

高値で不動産を手に入れて取得コストが上がれば、当然ファンドの運用利回りは圧迫されることになる。しかし、ここで発想を転換してキャピタルゲインに注目すると、話はまったく変わってくる。

地価が上昇傾向にある時は、人気物件は輪をかけて上昇することになる。そうなれば、賃料などを遥《はる》かに上回るキャピタルゲインを、短期間に手に入れられる。それを、利益とすればファンドの運用利回りも飛躍的に改善されることになる。

こうして、そもそもは収益還元法に則《のっと》っていたはずの不動産ファンドが、実質的にはキャピタルゲインを狙ったものへと変化していったのである。そして、いったんこうした動きが始まれば、投機が投機を生む展開になり、あっと言う間にバブルが過熱していく。

ただし、「局地的バブル」「ミニバブル」などと呼ばれた今回の地価高騰には、八〇年代末の土地バブルとは大きく異なる側面があった。それは、「勝ち組」と「負け組」がハッキリしていることだ。

確かに、大都市圏では地価は上昇に転じているものの、地方では依然として地価は下がり続けているし、東京圏においてもすべての土地が上がっているわけではなく、むしろ二極化が進んでいるのである。

言い換えれば、八〇年代末は「面のバブル」だったのに対して、今回は「点のバブル」ということになるだろう。

また、八〇年代末には一般人ですらキャピタルゲインを狙って、自分の所有するマンションがいくら上がったかに一喜一憂したものだが、そんな現象も見られない。REITにでも投資をしていない限り、普通のサラリーマンにはほとんど関係ないというのが今回のバブルの特徴だ。

つまり、地価が高騰するのも都心の限られた地域だけだし、バブルに踊って盛り上がっているのも、不動産ファンドの関係者や一等地の物件を購入できる資産家など、ごく一部の人間だけなのだ。

だからこそ、前述した通り銀座八丁目の五〇坪の土地に一坪六〇〇〇万円という高値が付くかと思えば、不動産ファンドの関連企業社員の平均年収が並みいる日本の大企業を押さえてトップクラスとなるという現象が起こったのである。

サブプライムローン問題の衝撃

しかし、二〇〇七年に入ると、不動産ファンドが主導してきたこの地価高騰《こうとう》のターニングポイントとなるような大事件が起こった。米国においてサブプライムローン問題が深刻化し始めたのだ。

米国の低所得者向け住宅ローンであるサブプライムローンの焦《こ》げ付きが急増し、ローン会社が相次いで破綻《はたん》。さらには、証券化されたサブプライムローンを組み込んだ金融商品の利回りの低下などにより、米国のみならず欧州の金融機関の経営が一気に悪化し、世界的な信用収縮が起こったのである。

当然、外資系金融機関は日本からも資金を引き揚げ始めているが、今回のミニバブルは外資によって演出された側面が強かっただけに、今後の地価の動向に大きな影響を与えることになるのは間違いない。

実際、筆者の取材に対してある米国系大手投資銀行の幹部は次のように答えている。

「現在われわれが持っている不動産案件については、すべて売却する。つまり、日本における不動産投資ビジネスからは、とりあえずは撤退するということです」

そう言うと、彼は一綴《ひとつづ》りのリストを広げてこう続けた。

「このリストは売却を予定している不動産をまとめたものです。ここに記載されているものについては、できるだけ早いタイミングで、売却するつもりだ」

そこにはゆうに百件を超える不動産物件が記されていた。更地あり、商業用ビルあり、高級マンションあり、いずれも都内の一等地の物件ばかりだった。

そして、これらの物件の所有者は彼の所属する米国系投資銀行ではなく、そのほとんどがＳＰＣ（特定目的会社）となっていた。

「こうした不動産物件、案件については証券化した上で何らかの金融ファンドを組成し、大口投資家に売却する予定だったのです。ところが、本国のサブプライムローン問題の影響で、この種の金融商品が売れなくなってしまった。それに加えて、われわれ自身の資金繰りも厳しいのです。こうした状況を受け、いったん手じまいすることにしたのです」（前出の米国系投資銀行幹部）

実は前述した〇八年一月一日時点の公示地価に関して言えば、かなり意外なものだったというのが、不動産関係者の率直な感想なのである。すでに、〇七年後半から東京都心部などで地価の伸び率が鈍っていることが実感されていたのだが、今回の公示地価には、そうした状況がほとんど反映されていなかったのだ。

だが、〇八年中には都心部の不動産はさらに大きな衝撃に見舞われることになると、メガバンクの幹部は次のように警鐘を鳴らす。

「これまで都心部の地価上昇を引っ張ってきたのは、なんと言っても外資勢だった。その外資の動きが低調になった途端、地価の上昇に大きな歯止めがかかったというのが去年（〇七年）後半の状況です」

さらに、前述したように米国系投資銀行が日本における不動産関連ビジネスから全面的に撤退しようとしていることを受けて、こう続けた。

「もし本当に、その有力外資が手持ちの不動産売却に動くとすれば、まさにそれは一大事だ。間違いなく、都心の地価が下落に転じるトリガーを引くことになる」（前出のメガバンク幹部）

すでに述べてきた通り、坪単価二億円に迫る銀座をはじめ、六本木、赤坂、青山など都心の一等地が、バブル的な様相を呈していることは間違いない。

「そのバブルが弾《はじ》けることが確実になってきた」（前出同）のである。

一方で、ある大手不動産会社の首脳は次のように語っている。

「青山、赤坂などの地価は、東京の地価の指標となっているので絶対に下げられない。もしそれが、大幅に下がるようなことがあれば、東京の地価は大暴落してしまう。そういう事態を何としてでも回避するために、われわれは損を出してでも、可能な限り買い支える覚悟だ」

まるで太平洋戦争末期のように、事態はある種の悲壮感すら漂い始めている、といっても過言ではない状況なのだ。

だが、実はＲＥＩＴの不振はすでに〇七年後半には本格化していた。都内に本拠を置く不動産投資法人の代表は、当時、筆者の取材に対して次のように語った。

「意外に知られていないが、今年（〇七年）に新規上場を果たしたREITは、わずか二本にとどまった。そもそも、〇七年中の上場を目指していたREITはゆうに二桁《けた》はあったが、結局このレベルに留まることになった。やはり、サブプライムローン問題の影響が大きかったと言えるだろう」

実は、この不動産投資法人も〇七年中にREITの上場を目指していたのだが、結局見送ることにしたのだという。

「市況の回復を待って、〇八年に上場を目指すことも検討したが、最終的には上場そのものを見送る決断を下した。これまでに投資した不動産はすべて売却し、ファンドそのものを清算する予定です」（前出の不動産投資法人代表）

なぜ、そんなに急いでいるのかという筆者の問いに、この不動産投資法人代表はこう答えた。

「来年（〇八年）に入れば、予定していたREITの上場を見送った不動産投資法人が、手持ちの投資案件を一斉に売却してくるだろう。売却しなければ、金利負担がかさむばかりだから、彼らとしても売らざるを得ないのが実情だ。そして、もしそうなれば、不動産マーケットはクラッシュする危険性が高い。だから、われわれとしては少しでも高いうちに売っておこうと考えたのです」

こうしたREITの不振について、メガバンクの担当者は次のように解説する。

「〇七年の夏以来、金融マーケットではサブプライムローン問題の深刻化が引き金を引く形で、信用収縮が本格的になっている。そして、こうした一連の動きがREITマーケットを直撃し、投資資金の流入が激減した。この結果、REIT価格は大幅に下落し、投資資金がさらに逃げ出すという負のスパイラルに突入してしまったのです」

〇七年五月から六月にかけて東証リート指数が二六〇〇の大台を突破したことはすでに述べたが、その後秋までに一八〇〇まで急落した後、〇八年に入っても落ち続け、八月末には一時、一二〇〇を下回る水準となっている。

まさに、暴落ともいえるこうした状況に拍車をかけているのは、皮肉にも不動産への資金流入を促した証券化という仕組み自体だった。つまり、通常の土地取引で考えれば、最後に高値でその土地を掴《つか》んだ者がババを引くことになる。その意味では誰が損をしたのかがハッキリしていると言えるだろう。しかし、REITなどにおいては、不動産は細かく証券化され、様々なファンドに組み込まれているため、いったい、誰がババを引いたのかが分からない。そのことが投資家の不安感を煽《あお》り、REIT市場全体が暴落してしまったのである。欧米のサブプライムローン問題と同じ構図がここにはある。

いずれにせよ、ＲＥＩＴは近年の地価上昇を牽引《けんいん》してきた存在だっただけに、〇八年に入ってＲＥＩＴの不振がさらに深刻化していることは、不動産市況に決定的にネガティブな影響を与えているといっても過言ではないだろう。

スルガコーポレーション事件の衝撃

さらに、当局が不動産ファンドに対する規制強化に動いていることが、ミニバブル崩壊に拍車をかけているという見方もされる。

不動産が高騰していく中で、転売目的で物件を取得するいわゆる「土地転がし」が横行しているという懸念《けねん》を強めた金融庁は、金融機関に対して不動産向けの融資を引き締めるようにプレッシャーをかけた。

また、ＲＥＩＴをはじめとする不動産ファンドに対する監視も強化、二〇〇六年にはＲＥＩＴに対しても業務改善命令が相次いで出されるという事態となり、そのことが〇七年にＲＥＩＴの上場が減った原因の一つになったといわれている。さらに、この流れはファンド規制を大きな目的とした金融商品取引法が、〇七年秋に施行されたことで、決定的となった。

しかし、不動産ファンドが自分たちの系列のREITに物件を売却するという、いわゆる売り手と買い手が同じ自己売買により利回りを確保したり、REITに組み入れられた物件の鑑定方法がいい加減だったりするなど、投資家を欺《あざむ》くような違法・脱法行為が相次いでいたことを考えれば、ある程度の規制強化はやむを得なかったのではないだろうか。

さらに、当局の最大の懸念材料は、すでに述べた通り、ミニバブルの中で復活した地上げや土地転がしの影に、闇《やみ》勢力の存在が見え隠れすることだった。そして、その不安を的中させるような事件が〇八年三月に摘発されたのである。

「なぜ上場企業が、暴力団系企業に地上げを依頼するというようなリスクを冒したのか――。もし、それが発覚すれば、間違いなく企業としての信用は地に落ちる。にもかかわらずそうせざるを得なかったのは、やはり、最近の土地バブルに踊らされたのでしょうね」

都内に本拠を置き、自らも地上げを専門に手掛ける不動産開発会社の代表は、自分の会社は闇勢力とは一切関係ないと断った上で、そう述べた。

警視庁組織犯罪対策四課は三月四日、弁護士法違反容疑（非弁活動）で、大阪の不動産会社「光誉実業」の朝治博社長以下、同社社員ら十二人を逮捕した。

光誉実業は、東証二部上場の不動産・建設会社「スルガコーポレーション」（本社・横浜市）が、同社の所有していた都心の大型商業ビルの地上げを進めるにあたって、スルガ社サイドから報酬を得て入居者と立《た》ち退《の》き交渉を行なったという。

そして、弁護士資格がないにもかかわらず、〝立ち退き交渉〟を行なったことが、非弁活動に当たるとして、光誉実業は弁護士法違反で摘発されたのだった。

「ハッキリ言って、この種のケースで弁護士法違反に問われることは、初めてのケースと言っていい。光誉実業は狙《ねら》い撃ちされたと見ていいだろう」（警察関係者）

それでは、なぜ光誉実業は警察から〝狙い撃ち〟されたのだろうか。

「同社は、日本最大の暴力団山口組と極めて近い関係にあったといわれています。実際、警視庁は光誉実業に対して企業舎弟であるという認定をしていた。つまり、警察サイドの本当の狙いは、暴力団の資金源を断つというところにあったのです」（前出の警察関係者）

それにしても、なぜ上場企業であるスルガ社が、「山口組の企業舎弟」といわれる会社に、こうもあからさまに地上げを依頼してしまったのだろうか。
「地上げの舞台となったのは、都心の一等地、東京麴町《こうじまち》にある超有名物件、『秀和紀尾井町TBRビル』でした。スルガ社の物件取得価格は、数百億円にのぼるだろう。スルガ社が取得した物件を更地にした上で不動産ファンド等に転売するのをビジネスの柱にしていることを考えても、そもそも、転売目的でこの物件を取得したことは明らかだ。しかも、その取得原資については外部借り入れに頼っていることは間違いない。スルガ社にとってはまさに社運を賭《か》けた大プロジェクトだったはずだ」（前出の不動産開発会社代表）
事件後に弁護士ら外部識者によってまとめられた「調査報告書」（事件発覚を受けてスルガ社サイドの依頼で調査に着手し、〇八年三月二十五日に中間報告書を発表）によれば、敷地面積約二〇〇〇坪のこのビルは三六五億円で売却されたという。同報告書によれば購入価格は二三〇億円だったというから、なかなか良い儲《もう》けとなったと言えるだろう。
実際にこの物件がある千代田区麴町五丁目に行ってみると、建物は地上げ完了後に解体され、駐車場となっていた。新宿通りや外堀通りなどの大通りからはちょっと入った立地だが、東京メトロ麴町駅から徒歩数分、明治十一年に大久保利通《おおくぼとしみち》が暗殺されたことで知られる清水谷坂に面し、近隣には参議院議員宿舎や上智《じょうち》大学、ホテルニューオータニなどがある、閑静で上品な雰囲気の、まさに都心の一等地だった。

スルガ社がこの物件の所有権を手に入れたのは〇五年九月のこと。売り主は外資のSPC（特定目的会社）だった。この売買にどういう事情があったのかは定かではない。察するに、都心の優良物件を外資が手に入れて建築後約三十年を経たこのビルの建て替えを目論《もくろ》んだものの、このビルに入る約百名ほどの入居者の契約を解除することができないうちに、結局、転売せざるを得なくなったのではないだろうか。

スルガ社が購入してから一カ月後に、同社から依頼を受けた地上げ業者「共同都心」（今回の事件で前社長が逮捕）の下請けとして光誉実業が立ち退き交渉に乗り込んできた。一見して強面《こわもて》の朝治社長は交渉の口調こそ物静かだったが、有無を言わさない迫力があったという。また、光誉の社員にはどう見ても暴力団の組員にしか見えない者もいて、そういう連中が立ち退きに応じない住人に対して、ビル内でお経のテープを大音量で流すなどの嫌がらせを繰り返した。

この結果、一年半後の〇七年四月には入居者の明け渡しが完了し、スルガ社はこの物件を売却している。

地上げの舞台となった秀和紀尾井町 TBR ビルは、すでに取り壊されて跡地は駐車場となっている　（写真提供・毎日新聞社）

この〝仕事〟でスルガ社から共同都心へ支払われた金は三六億八〇〇〇万円だったと、前述の報告書は記している。この金額は入居者に対する立ち退き料なども込みになったものだったが、共同都心から光誉に応分の報酬が支払われ、さらにその一部が暴力団に流れたと警察は睨《にら》んでいる。

ただし、立ち退き交渉に際して光誉の社員らは、ヤクザ風ではあったものの、暴力団との関係を明示して立ち退きを迫るようなことはしなかったという。

これは暴力団対策法を意識したものだと見られる。同法による民事介入暴力を摘発するための構成要件は極めて厳格で、指定暴力団やその企業舎弟であることを露骨に名乗って威圧をしない限り適用が難しいのが現状だ。しかし、弁護士法違反を適用するのならば、暴力団関係者であるかどうかは関係ない。

「今回の法解釈によって、警察は暴力団に対する取締がより機動的に行えるようになった」（前出の警察関係者）という。

また、警察サイドが新解釈を持ち出してきた背景には、前述した「真珠宮ビル」の一件で、後藤組の後藤組長を逮捕・起訴したものの、東京地裁におけるその後の公判が被告有利で展開したことも、影響していると見られる。

いずれにせよこうした点も、警察・検察が闇勢力に対して攻勢を仕掛けている証左だと言えよう。

スルガコーポレーションと闇社会の癒着の構造

一方、弁護士法違反については、依頼主はその責任を問われない。そのため、スルガコーポレーションからは今回の「秀和紀尾井町ＴＢＲビル」の一件に関連して、一人の逮捕者も出ることはなかった。

ただし、上場企業が暴力団系の企業と関係を持っていたこと、さらに、その企業を通じてかなりの額の資金が指定暴力団に流れていた可能性が高いことなどを考えると、スルガ社の責任は極めて重いと言わざるを得ない。

結局、そういう社会的、道義的責任を取る形で、スルガ社の岩田一雄会長兼社長が事件が発覚した晩に社長職の辞任を余儀なくされたのだった。だが、それでも何か納得いかないものを感じるのは、筆者だけだろうか。それは、スルガに対するペナルティが軽すぎるということばかりではない。この点についてもう少し詳細に見ていこう。

不動産業界ではスルガ社は、「所有権が細分化されて複雑に入り組んだ案件やテナントが多く立ち退き交渉に手間取りそうな難しい案件の地上げに短時間で成功する会社」（前出の不動産開発会社代表）として知られていた。まるで「魔法のようだ」（前出同）とまで言われたその手腕の秘密は、すでに述べてきた通り、地上げに暴力団系企業を起用していたことにあったわけだが、スルガ社サイドではあくまで、光誉実業が反社会的な勢力とつながりがあるという認識はなかったとしている。

しかし、地上げを請け負った共同都心や光誉の乱暴なやり方にテナントから苦情が出ていること、さらに光誉の朝治社長には逮捕歴があることを、スルガ社の担当役員は以前から知っていたことを考えれば、両社が普通の不動産会社とは異なることは明らかだったはずで、こうした言い訳は極めて苦しいものだと言わざるを得ない。

結局、スルガ社はメーンバンクからの再三の指摘により、初めて共同都心や光誉との関係を見直しはじめるのだが、これも、金融機関が融資を盾に強硬に改善を要求してきたために渋々と受け入れたというのが実態だったのではないか。

逆に言えば、それほどまでに光誉や共同都心と組んだ〝ビジネス〟はおいしかったのだろう。スルガ社はこれを「不動産ソリューション事業」と称していたが、その実態は手段を選ばない「地上げビジネス」でしかなかった。

前述した報告書によれば、スルガ社は二〇〇一年に東京・有楽町のビルを取得したものの、テナントとの立ち退き交渉が難航し、その完了までに四年もの年月がかかってしまったため、資金繰りに窮するという事態に陥ってしまった。

この苦い経験を反省して、〇二年に取得した新宿の案件では、入居者の立ち退き交渉を外部の企業にアウトソーシングしたものの、それでも交渉完了まで二年を要したことはスルガ社にとっては不満の残るものだったようだ。そこで、同社はその道のさらなるプロを捜し求め、そこで出会ったのが共同都心だった。

スルガ社は〇三年に東京渋谷の案件の地上げを共同都心に委託したが、その際に共同都心が孫請けとして連れてきたのが光誉実業だった。共同都心はビルの所有権をスルガ社から得たという虚偽の売買契約書まで使って、光誉とともに交渉に乗り出し、わずか一年で地上げを完了させたのである。

すでにこの地上げのプロセスにおいて、テナント側からは地上げ方法に関する様々な苦情がスルガ社に寄せられたが、同社はそれを真剣に検討せず、むしろ、共同都心と光誉の〝実力〟を評価、以後、前述した「秀和紀尾井町ＴＢＲビル」を含む六件の案件を共同都心ないし光誉と進めていくことになる。

こう述べていくと、スルガ社がかなり確信犯的に共同都心や光誉と付き合っていたことが分かるだろう。

さらに、「秀和紀尾井町ＴＢＲビル」に関しては、こんな話もある。事件発覚後に知り合いの不動産開発業者の幹部が「こんな資料がありますよ」と言って、筆者のもとに同ビルの「物件概要書」を持ってきた。これは不動産業者や投資ファンドの関係者の間で回される、いわば、この物件のカタログのようなものだが、〇六年夏頃に作られたとみられるこの資料によると、売り出し価格は約八〇四億円となっているのだ。

前述した通り、スルガ社はこの物件を三六五億円で売却したとしているから、その差額は実に四〇〇億円以上になる。これはいったい何を意味するのだろうか。

「実際にはある程度のディスカウントがあったのでしょうが、概要書に記されたのに近い価格で売買されたのだと思います。差額となった数百億円は裏金となったのではないでしょうか」（前出の不動産開発業者幹部）

かりにこの物件が八〇〇億円で売買されたとして、敷地面積は約二〇〇〇坪だから坪単価にして四〇〇〇万円。〇六年後半から〇七年前半にかけての土地高騰《こうとう》を考えれば、決して高い金額ではないというのが、この不動産開発業者幹部の見解だった。

そして、こういう巨額の怪しげな資金があるからこそ、それを狙って地上げビジネスに闇勢力が群がってくるのである。

まえがきでも述べた通り、〇七年九月にこの物件を購入したとされるのは、東京東池袋に所在するA社というペーパーカンパニーだった。その本当の持ち主はスルガ社と同じく新興の不動産会社として知られるアーバンコーポレイションだという。さらなる値上がりを期待しての購入だったのか、それとも、証券化して不動産ファンドに組み込むつもりだったのか、その辺りの真意は不明だが、〇七年後半からの「ミニバブル」の崩壊、さらには、闇勢力が絡《から》んだ事件が発覚したことでこの物件のイメージが悪くなったことなどにより、その目論見は大きく狂ったに違いない。

見えてきた黒幕

こう考えていくと、さらに大きな疑問が浮かんでくる。都市の再開発という大きな流れの中で、スルガ社は老朽化した建物を手に入れ、それを地上げし、転売するという一部のパートを担《にな》っていたに過ぎない。再開発のプロセスを考えれば、スルガ社の上には、同社が地上げした土地を買い取って、新たな再開発を主導する企業が存在するわけだが、果たして彼らには問題はなかったのだろうか。

この点について筆者が取材したある警察幹部は、次のような喩《たと》え話をした。

「今回の『秀和紀尾井町TBRビル』をめぐる事件について言えば、酔っぱらい運転を例に取ると分かりやすいかも知れない。すなわち、まず、酔っぱらい運転で車を運転したのが光誉実業、その助手席に同乗していたのがスルガコーポレーションということになると思う。スルガ社からは逮捕者は出ていないが、警察としてはそのくらい悪質だと捉《とら》えているということだ。

さらに、問題なのは光誉やスルガに酒を飲ませたヤツがいるということだ。もちろん、今回の件で飲ませたヤツが刑事責任を追及されることはないが、警察は本音としては飲酒運転をすると分かっていて飲ませたヤツにも、スルガ社同様にかなり責任があると考えているのです。そして、この飲ませたヤツは意外に大物なのです」

それでは、はたして「飲ませたヤツ」とは何者なのだろうか。この点を考える上で、スルガ社が光誉と手を組んで地上げをした興味深い物件がある。

東京赤坂・溜池《ためいけ》交差点、かつては屋上にコマツ製のブルドーザーがディスプレイされていたことで名物ビルとして知られていた小松ビルの隣、外堀通りに面してそのビルはあった。あったと過去形で述べているのは、〇八年九月初め現在すでに解体工事がかなり進み、あとしばらくで現場はほぼ更地となるとみられるからだ。

ビルの名は「ランディック赤坂ビル」。一九七三年に建てられた地上十階、地下三階のこのビルは敷地面積約五二〇坪、延床面積約一万六二七二平方メートル。このビルにくっつくように隣接する「ランディック第三赤坂ビル」（八一年建設、地上九階地下一階）と併せると、総敷地面積は約五六〇坪、総延べ床面積は約一万七三三七平方メートルにもなる大規模物件だ。しかも、総理官邸のすぐ近くというロケーションの良さ、大通りに面し地下鉄溜池山王駅の入り口が目の前という交通の便の良さ――、どれをとってもまさに都心の超優良物件と言っていいだろう。

スルガ社がこの物件を手に入れたのは、〇六年六月のことだった。この時の取得価格は一三八億円。当時の資料によれば、売り主のオリックス・アセットマネジメントは売却の理由について、次のように説明していた。

「ランディック赤坂ビルおよびランディック第三赤坂ビルについては、各々《おのおの》築後三十三年および二十四年が経過し物理的・機能的陳腐化が進行しており、将来において抜本的な対策が必要となることが想定されたため、約二年前から①大規模改修、②建替え、③売却の各選択肢を継続検討しておりましたが、今般、各選択肢のリスク・リターン、実現可能性、法的・税務会計的観点及び平成十八年三月十五日公表のオリックス赤坂二丁目ビル購入（取得価格二一八億六〇〇〇万円）に伴う赤坂エリアへの物件集中緩和等を総合的に考慮し、売却（譲渡）することを決定致しました」（「資産の譲渡に関するお知らせ」平成十八年三月二十七日発表より）

要するに、老朽化した物件を改修もしくは建て替えるよりも、売却するのがもっとも良い選択だと考えたということだ。確かに文中に出てくる「オリックス赤坂二丁目ビル」はこの物件の目と鼻の先で、「赤坂エリアへの物件集中」という懸《け》念《ねん》は一見もっともらしい。

しかし、この資料をよく見ていると少し不思議なことに気がつく。オリックス・アセットマネジメントがランディック赤坂ビルとランディック第三赤坂ビルを〇二年一月に外資から取得した際の価格は約一二二億円で、スルガ社への売却価格と比べて一六億円の差額しかないのだ。

もちろん、四年間持って一六億円というのは、決して少ない額ではない。取得価格から計算すると、年間利回り約三％となる。

だが、まさにこれからリートバブルが膨らもうとしていた〇六年六月というタイミングを考えると、さらに上がりそうな雰囲気がある中で、物件を一六億円程度の利益で売り払ってしまうというのは、どうしても腑《ふ》に落ちないのである。

この物件の登記を調べてみると、さらに奇妙なことが浮かび上がってきた。

いくつにも分筆された土地登記は、この物件の権利の複雑さを物語っている。土地の所有権を見ると、〇六年六月一日に「信託」という形で、オリックス不動産投資法人から三菱ＵＦＪ信託銀行へと移っている。登記上、所有者として出てくるのはスルガ社ではないのである。ちなみに、ここに出てくるオリックス不動産投資法人とは、オリックス・アセットマネジメントが資産運用をしているＲＥＩＴである。

さて、次に登記に記された「信託」の内容を調べてみることにした。〇六年六月一日付けで受け付けられた「信託目録」を見ると、「委託者」がオリックス不動産投資法人、「受託者」が三菱ＵＦＪ信託銀行、さらに、「受益者」という項目がありこれは当初、「委託者と同じ」となっていたものが、この六月一日付けの売買によりスルガ社へと変更されている。

ここまで調べてようやくスルガ社が登場したわけだが、どうやら、この信託契約においては受益者が所有者に該当する存在となるということらしい。

この辺りの事情について、別のメガバンクで不動産の信託を手掛けている担当者に解説してもらった。

「確かに受益者が実質的な所有者となります。ここで『信託』となっていますが、これは銀行がこの不動産を運用して収益を上げるというより、権利関係のトラブルが起こるのを防ぐためのものです。所有者は売買を前提として、いったん不動産を銀行に信託という形で管理させ、信託受益権を売買するのです。最近は、かつてのような所有権の売買ではない、こういう形の不動産取引が増えています」

同時に受益権の売買という形にすれば、不動産の登記謄本《とうほん》を見ても、誰が持っているかなどの権利関係がすぐには分からないようにすることができるのだ。

バブル時代には不動産が絡んだ経済事件を取材しようと思えば、法務局へ行って謄本さえ取れば、その不動産を誰が持っていて、どこの金融機関がどの程度の資金を貸し込んでいるかがだいたい分かったものだ。しかも、共同担保目録でも付いていれば、その所有者が持つ他の物件も芋づる式に見つけることができた。今となっては、そんな分かりやすさが懐《なつ》かしいばかりだ。まさに、隔世の感というべきだろう。

さて、前述した「信託目録」には信託条項のⅠとして、「信託の目的」という項目があるのだが、そこには次のようなことが記されている。

「受益者の指示に従い、信託土地を管理運用及び処分するとともに、受益権譲受人が、既存建物を賃借している各テナントを退去させた後、既存建物を取り壊したうえ、信託土地上に別途受託者の同意を得て建物を建築した場合……（後略）」

この文章はいったい何を意味するのだろうか。ここでいう「受益者」とは最初の段階では「委託者と同じ」となっていたから、オリックス不動産投資法人ということになる。「受託者」は前述した通り三菱ＵＦＪ信託銀行を指すことは明白だ。すると、「受益権譲受人」とは何者かということになるが、売買によって受益権を譲り受けたスルガ社を指すと考えるのが妥当だろう。

それぞれの単語を固有名詞に置き換えてみると、信託の目的は次のようになる。

「オリックス不動産投資法人の指示に従い、信託土地を管理運用及び処分するとともに、スルガ社が、既存建物（＝ランディック赤坂ビル）を賃借している各テナントを退去させた後、既存建物を取り壊したうえ、信託土地上に別途、三菱ＵＦＪ信託銀行の同意を得て建物を建築した場合……」

要するにこの信託は、オリックス不動産投資法人がスルガ社にランディック赤坂ビルとランディック第三赤坂ビルの地上げを依頼するためのものだったのではないだろうか。「信託の目的」の後半部には次のようなことが記されている。

「受託者は建物竣工《しゅんこう》後、当該建物並びにこれに付随する施設・設備等を信託財産として引き渡しを受け、信託不動産及びその他信託財産を受益者のために管理運用処分することとする」

　わざわざ、信託という形にしたのは、銀行をかませることにより、地上げが終了した後でスルガ社が勝手に不動産を転売するというようなトラブルを避けるためだったと見られる。

　それでは、実際に地上げが終わった後、この物件がどうなったかというと、〇八年二月二十一日付けで受益権はスルガ社から「合同会社ジョイントアーク10」という会社に移っている。

　いったい、この「ジョイントアーク10」とはどんな会社なのだろうか。この点について前出のメガバンクの不動産部門担当者は次のように語る。

「この『ジョイントアーク10』という会社は、われわれの業界ではオリックス系の企業が不動産ファンドを組成するために作ったSPCとして知られています。ちなみに社名に付いた『10』というのは、十番目のSPCという意味です」

　そうなると、マスコミへの発表資料や不動産登記謄本、信託目録などから見えてくるのは、オリックス・アセットマネジメントが四年間かけてテナントの解約ができなかった物件にスルガ社が乗り込んでいって、二年も経《た》たないうちに地上げと立ち退《の》きを完了したうえで、オリックス系列のSPCに転売したというストーリーになる。

不動産業界で「魔法のようだ」と賞賛されたスルガ社の本領が、まさに存分に発揮されたわけだが、もちろん、この仕事にも光誉実業がかかわっていることは言うまでもない。

スルガ社サイドが、この「ランディック赤坂ビル」をめぐる「ビジネス」をどう捉えていたのか見ていこう。

秀和紀尾井町TBRビルの事件を受けて、作成された前述の「調査報告書」には次のようなことが記されている。

○六年六月一日にビル及び敷地を取得した直後の六月六日に、スルガ社は光誉実業と業務委託契約を結んでいる。この契約により光誉が地上げに乗り込んできたわけだが、ここで、特筆すべきはこのランディック赤坂ビルの地上げに関しては、秀和紀尾井町TBRビルなどそれまでのケースとは異なり、元請けである共同都心を外して光誉と直接契約を結んでいる点だ。

この理由について報告書は、「ランディック赤坂ビルについては、スルガ社に対し、同ビルを買い付ける意向を示していたN社の購入予定価格がそれほど高額ではなく、スルガ社としては、同物件売却によって得られる利益が制限されており、立ち退き交渉のための費用をできる限り押さえる必要があった」と記している。

　しかし、地上げが進行中だった〇七年六月に入って、トラブルが発生する。メーンバンクであるみずほ銀行の担当者が、スルガ社に対して光誉との取引停止を求めてきたのである。この時、その担当者は光誉が反社会的勢力であるとハッキリとは述べなかったものの、同行としてはそう判断していると、暗に示したという。

　すでにこの年の二月か三月には、共同都心と反社会的勢力との関わりを懸念する旨《むね》の指摘を同じくみずほ銀行サイドから受けたことで、ただちに取引を打ち切っていた経緯があった。この時、スルガ社はみずほからの融資の打ち切りを恐れたということだが、光誉についても同じ理由で、取引が打ち切られることとなった。

　問題は当時、光誉により進められていたランディックの地上げをどうするかということだったが、八月には光誉から紹介された別の二つの業者にこれを引き継がせることで、事態の収拾が図られた。

　しかし、そもそも光誉は共同都心が連れてきたわけだが、その元請けに闇《やみ》勢力との関係が疑われた段階で、光誉もおかしいのではないかと考えるのが普通ではないだろうか。さらに、闇勢力との関係を指摘された光誉が紹介してきた業者を使うというのも、常識的に考えれば、かなり異常な行為だと言わざるを得ない。取引銀行に対して言い訳が立てばいいという、その場しのぎの発想だったのではないだろうか。

実際、〇七年秋には一度は光誉による交渉で立ち退きに同意していたものの、その後翻意したテナントに対して、スルガ社幹部が光誉の朝治社長を伴って再度交渉に訪れるなど、両社の関係は完全に切れたわけではなかった。

結局、〇七年十二月二十日にすべてのテナントの明け渡しは完了し、翌〇八年二月二十一日にビル及び敷地は売却されたという。実際には、これが信託受益権をジョイントアーク10に売却したものであったことは、前述した通りだ。

この売買直前の、二月九日以降、スルガ社経営陣は光誉の事件に関して連日、警視庁の事情聴取を受けていた。さらに、三月四日には光誉の朝治社長が逮捕、スルガ本社などにも家宅捜索が入っていることを考えれば、まさに、事件のゴタゴタに巻き込まれる直前にランディックに関連する一連の取引を完了したことになる。

それでは、このランディックの地上げに関しては、どのような金銭の受け渡しがあったのだろうか。

前述した報告書によれば、スルガ社がこの件に関して光誉に支払った額は一二億九〇〇〇万円。さらに、光誉から地上げを引き継いだ二社に対して合計で七億六〇〇〇万円が支払われている。

　そもそも、スルガ社がこの物件を手に入れた際の価格は一三八億円、地上げ完了後に売却した価格は二三二億円だった。この差額から、光誉など三社に支払った額、また、物件取得のための借入金や手数料など諸々《もろもろ》の経費を引いた上で、残った金額がスルガ社の利益となるわけだが、その額は約四九億五〇〇〇万円だったという。

　それまでスルガ社は共同都心を経由することにより、光誉とは直接的な関係を持たないようにしてきたが、このランディックのケースではスルガと光誉の直接的な関係が明白となっている。

　さらに、この物件の信託目録やスルガが発表した調査報告書の内容を総合すると、スルガはオリックス不動産投資法人から地上げ目的で物件を受益権の売買という形で手に入れ、地上げ完了後にはそれを「ジョイントアーク10」に転売しているが、前述した通りこのＳＰＣはオリックス系列だとみられるのである。

　スルガからの直接の依頼により地上げを実質的に仕切ったのは光誉で、この会社は警視庁から山口組系の有力暴力団の企業舎弟だと認識されている。

　一連の土地取引によりオリックスサイドからスルガ社へ約四九億五〇〇〇万円の利益がもたらされ、スルガ社から光誉へは諸経費など込みで一二億九〇〇〇万円が支払われた。警察が光誉を企業舎弟と睨《にら》んでいる以上、光誉から闇社会に資金が提供された可能性は高い。

そうなると、地上げビジネスを介在として「オリックス―スルガ社―光誉―闇社会」という、資金の流れが存在した可能性が出てくるのである。

ここまで説明すれば、前述した警察幹部が述べた「酒を飲ませたヤツ」が誰なのかは明白だろう。

（※ランディック赤坂の跡地では二〇一〇年六月現在、ジョイントアーク10を建築主として地上十六階、地下二階、延べ面積一七、九四七・八五平方メートルのビルを建築する「赤坂2丁目3計画」［仮称］が進行中である。竣工予定は一一年三月、店舗区画の問い合わせ先はオリックス不動産となっている）

和製ハゲタカ

一般の読者はオリックスといえば、リース会社を連想するかも知れない。確かにそもそもはリース業が原点だったが、同グループのビジネスの実態はこの十年ほどで大きく様変わりしている。リースと関連の深い金融分野へ、さらに、二〇〇一年頃を境に不動産関連の事業を急激に拡大させているのだ。

マンション分譲やオフィスビルの開発、不動産の証券化、REITの資産管理や運用など様々な不動産ビジネスを展開。〇七年三月期にはグループ利益の約三割に相当する約九六〇億円が、不動産や不動産関連ファイナンス事業によるものとなっているのである。〇五年三月期には不動産関連事業の収益は約三八〇億円だったことを考えれば、いかに目覚ましい成長を遂げているかが分かるだろう。

オリックスの宮内義彦《みやうちよしひこ》会長は、小泉政権下で「規制改革・民間開放推進会議」の議長を務め、民間側から構造改革路線の推進役を果たす一方で、その時流に乗って自らの事業を大幅に成長・拡大させたことから、しばしば「平成の政商」などと呼ばれている。

この点について、筆者は特に不動産事業にこそ、宮内氏の「政商」たる所以《ゆえん》があると考えている。

小泉政権発足直後の数年間、大手銀行の不良債権処理の加速が日本経済再生の最優先課題となる中で、不良資産として焦《こ》げ付いていた不動産が処理されたり、一般企業でも資産の圧縮が進められ、社員寮や福利厚生施設などが相次いで売却された。

そんな中でオリックスには、不動産担保の付いた問題債権のバルク買い（まとめ買い）を進めていくなど、「和製ハゲタカ」のような側面があった。特に大手銀行の淘《とう》汰《た》や合従連衡《がっしょうれんこう》が進み、不良債権処理の一環として多くの不動産が放出されていったが、オリックスの不動産事業はそういった物件を安く買い叩《たた》くことで拡大していったといえるだろう。

そして、その原点は日本債券信用銀行の買収にあったというのが、筆者の見方だ。九八年十二月に経営破綻《はたん》し実質的に国有化された日債銀は、二〇〇〇年にソフトバンク、オリックス、東京海上火災保険（現・東京海上日動火災保険）からなる投資グループに売却され、〇一年あおぞら銀行として再スタートを切った。

この買収は、ＩＴベンチャーであるソフトバンクが銀行経営に乗り出してきたということで、世間の注目を集めたが、実際に主導権を握っていたのはオリックスだった。当時、東京海上の幹部は買収の意図を問う筆者の質問に対して、「あおぞら銀行の件は純然たる投資です。東京海上としては銀行業に参入する気はありません。あくまで、今回の件はオリックスに誘われて、加わっただけです」と語った。

一方、買収当初はあおぞら銀行の経営に乗り気だったソフトバンクの孫正義《そんまさよし》氏も、当時のネットバブルの崩壊と同時に、それどころではなくなったのか、次第に銀行経営に対する興味を失っていく。

そんな中で、あおぞら銀行はオリックスにとっては「宝の山」だったのかもしれない。そもそも、日債銀の旧行名が日本不動産銀行だったことからも分かるように、同行は不動産に関連するノウハウに長《た》けていた。そのため、オリックスの関連企業へ転職する人材も少なくなかったという。

また、経営破綻した日債銀時代の不良債権には焦げ付いた不動産も多かった。すでに公的資金によって処理の終わったこれらの物件のうち条件の良いものを買い叩けば、オリックスにとってはかなりのうま味があったはずだ。しかも、日債銀の買収に参加したことで内側からこうした資産を選別できたことは、オリックスにとってはまさに願ったり叶《かな》ったりだったに違いない。

ようやく清算されるバブルの残滓《ざんし》

奇《く》しくもランディック赤坂ビルもまた、日債銀と同じく長期信用銀行系で、九八年に経営破綻した日本長期信用銀行（現・新生銀行）の残滓ともいえる物件だ。同ビルはかつては日本ランディックが所有するビルだったが、不動産開発デベロッパーとしてバブル期にはオフィスや高級マンションなどを手掛けていたこの会社は、長銀の大口融資先として知られ、同社への乱脈な融資は長銀破綻の大きな原因となった。

その日本ランディックも長銀破綻後の九九年五月に、約四七〇〇億円もの負債を抱えて倒産。その後、同社が保有していた物件は日本の大手不動産会社、外資などに買い取られた。

ランディック赤坂ビルも一九九九年にいったん外資に買われた後、二〇〇二年にオリックス・アセットマネジメントへと転売され、さらに、〇六年には地上げを請け負う形でスルガ社が登場し、約一年半でテナントを退去させた後に、オリックス系とみられるSPCに転売されたという経緯は、すでに述べた通りだ。

結局、日本ランディックの最盛期だったバブル時代からほぼ二十年を経て、ようやく、不良債権が一回転し、次の段階に入ったわけである。

そういえば、秀和紀尾井町TBRビルにしても、その名の通り、そもそもの持ち主はバブル期に新興の不動産企業として勇名を馳《は》せた「秀和」だ。

当時、秀和は東京のみならず米国の不動産を次々と買い漁《あさ》り、さらには老舗《しにせ》百貨店の伊勢丹株を買い占め経営権を狙《ねら》うなど、まさに飛ぶ鳥を落とす勢いだったが、それもバブル崩壊で一転。巨額の負債を抱えて窮地に陥り、その後長らく低迷を続けた後、

○七年に持ちビルをすべて売り払い会社自体を解散したのだった。
前述した通り、秀和紀尾井町ＴＢＲビルもまた、いったんは外資に買われたものの手がつけられなかったようで、光誉と組んだスルガ社の地上げにより、ようやく、更地となった。ここにもやはり、バブルが弾《はじ》けてから十五年以上の時間がかかっている。

権利関係の複雑さやテナントの多さなどがネックとなって、外資や「和製ハゲタカ」と呼ばれたオリックスの交渉力をもってしても動かせなかったいわくつきの〝優良物件〟に、闇勢力が食い込んでいって地上げを果たす。同時にそれが闇勢力の大きな資金源にもなっていたというわけだ。

不動産証券化や収益還元法を掲げ、不動産ファンドやＲＥＩＴが牽引《けんいん》したという今回の都心の不動産バブルだが、その水面下では闇勢力を使った地上げという、バブル時代と変わらない、あまりに泥臭い光景が展開していたのである。そして、結局はそういう力でしか動かせないところに、日本の不動産業界が本質的に抱えている〝闇〟が存在するのだと言えよう。

その意味で筆者が注目しているのは、六本木エリアで次々と立ち上げられようとしている再開発プロジェクトの動向だ。その一つが「六本木ＴＳＫビル」の再開発である。

六本木の交差点から外苑《がいえん》東通りを青山方向に一〇〇メートルほど歩いたところにある路地を左に入り、またしばらく歩くと、半ば廃墟《はいきょ》と化したビルが姿を現す。それが、六本木ＴＳＫビルである。

かつて、暴力団・東声会を率いて戦後の闇社会に一大勢力を築いた町井久之《ひさゆき》氏が建設し根城としたこのビルは、一時期、昭和の裏面史の舞台となった場所だといっても過言ではない。

しかし、七〇年代後半にはその勢いを失い、バブル崩壊後はメンテナンスすらままならない状況となったために「幽霊ビル」と呼ばれるまでに荒れ果て、無惨《むざん》な姿を晒《さら》していた。〇二年に町井氏が死亡すると、所有権は債権者らによって競売にかけられた後、移転を繰り返し、権利関係はドンドン複雑なものになっていった。

だが、都心の一等地を舞台としたミニバブルが膨らんでいく中で、総敷地面積一二〇〇坪にもなるこの物件が放っておかれるはずもなく、ここ数年、再開発プロジェクトが動き始めていた。そしてそこには、外資やいくつもの不動産会社、闇勢力にも影響力を持つといわれるフィクサーに混じって、〇七年に朝鮮総連本部ビル売却問題で逮捕された元公安調査庁長官の緒方重威《おがたしげたけ》氏も関与していたといわれている。

さらに興味深いのは、スルガ社が地上げを依頼していた共同都心が、一時、この物件の一室を所有していたという情報があることだ。結局は転売に応じたようだが、果たしてその目的は何だったのか、今後の六本木ＴＳＫビル再開発の行方とともに、興味深いところだ。

また、〇八年三月になって、同じ六本木で六本木ヒルズにも匹敵する大再開発プランが本格的に始動した。

六本木ＴＳＫビルとは六本木通りを挟んだ向こう側にある一角で、六本木交差点付近から南は鳥居坂に至るまでの八・一ヘクタールを一挙に再開発しようというものだ。このプロジェクトは森ビルを中心に進められる予定だが、特に目を引くのは再開発エリアの中心部に位置するロアビルだ。

このビルは、川崎財閥の資産管理会社である川崎定徳《ていとく》などが所有しているものだ。そして、八〇年代にこの川崎定徳の社長を務めた佐藤茂氏が拠点としていたことでも知られ、ＴＳＫビル同様いわくつきの物件だ。

佐藤氏といえば、住友銀行に合併吸収された平和相互銀行の金屏風《きんびょうぶ》事件など、数々の経済事件でその名を取り沙汰《ざた》され、表経済と闇《やみ》社会の接点となるフィクサーといわれた人物である。

九四年に佐藤氏が死亡してから十四年を経て、ようやく主《あるじ》を失ったロアビルの再開発計画が動き始めたというわけである。

「十年一昔」とは言うが、ＴＳＫビルにせよ、ロアビルにせよ、再開発プランが動き始めるのにそれを遥《はる》かに上回る時間が必要となるところに、闇勢力がかかわった物件の扱いにくさ、難しさというものが表れているのではないだろうか。

同時にサブプライムローン問題をきっかけに都心不動産のミニバブルが弾けてきている中で、今後、これらのプロジェクトがどう推移していくかに注目していきたい。

第三章

闇《やみ》勢力に食い潰《つぶ》された新興市場

「最後の大物仕手筋」側近の怪死

一人の男が死んだ。

二〇〇七年十月十三日、午前五時十五分頃、神戸市須磨《すま》区の阪神高速道路神戸山手線の白川トンネル内で、走行するワゴン車が道路脇《わき》の側壁に激突。運転していた男性は、頭を強く打ち死亡した——。

翌日の地方紙の朝刊で小さく伝えられただけで、事故はほとんど、なんの注目も集めなかった。確かに死者は出ているが、同じような交通事故は日本全国で一日何件も起こっている。少々不謹慎な表現をすれば、「ありふれた悲劇」とでもいうべき出来事だった。

もちろん、東京に住んでいる筆者は、神戸でこんな事故が起こったことすら知らなかった。関西からわざわざ電話でそれを教えてくれたのは、株式マーケットでは有力仕手筋の一人として知られる男だった。

「須田ちゃん、またやで……」

男は声を潜めてそう切り出した。

「こういう種類のカネ絡《がら》みの事件では、必ず〝死人〟が出るもんなんや」

事情を飲み込めない筆者が、こたえに窮していると、男は焦《じ》れったそうにこう言った。

「ニシダや、ニシダ。ニシダハレオや」

ニシダハレオ……!?　あっ、西田晴夫か――。

「えっ、西田が死んだのか？」

「ちがう、ちがう。側近だよ、側近。しかも、西田がパクられた翌日やで」

西田晴夫といわれても、多くの読者はピンとこないに違いない。この人物について詳しいことは後述するとして、とりあえず、話を続けよう。

関西を拠点に活動していた西田晴夫氏は大物仕手筋として、アングラ経済の世界では知らない者がいないといわれた存在である。その西田氏が金融商品取引法（旧証券取引法）違反容疑で大阪地検特捜部に逮捕されたのは、〇七年十月十二日のことだった。

そんな男の側近中の側近、片腕といわれた人物が、逮捕の翌日に事故死したというのだ。そう聞いて、なにやら臭《にお》うなと感じるのは、筆者だけではないだろう。

「須田ちゃんも知ってる通り、ここんところ西田はずいぶんマル暴の金を運用してたらしいからな。側近の男も消されたんちゃうか」

ここで念のため説明しておくと、「仕手」というのは株式市場などにおいて、売買を膨らますことで人為的に相場を操作して、巨額の利益を得ようとすることである。当然、そのためには巨額の資金が必要となる。西田氏は以前から仕手戦に「マル暴」すなわち、「暴力団」関係者の資金を引き込んでいるといわれていた。

西田氏と長年ビジネス上のつきあいのあった投資会社の社長によれば、「ここ数年の西田グループは暴力団マネーの運用機関と化していた」という。

そんな西田氏とはどんな人物だったのか。

いわゆる「仕手筋」と聞くと一部の読者は、一〇〇キロを超える巨漢で新興宗教の教祖のように次々と買い銘柄を推奨していった誠備グループの加藤暠《かとうあきら》代表や、ゴルフ焼けした脂《あぶら》ぎった顔で高級スーツをピシッと着込んで高級車を乗り回し、いかにもバブル紳士然としていた光進グループの小谷光浩《こたにみつひろ》代表など、かつての「兜町《かぶとちょう》の風雲児」たちの姿を思い浮かべるかも知れない。

ところが、西田氏には彼らのようなカリスマ性や押しの強さはない。

そもそも、大阪・守口市の市役所に務めていた時代に株にハマって仕手の世界に入ったという異色の経歴を持つ西田氏は、一見、どこにでもいる風采《ふうさい》の上がらない中年男にしか見えない。地方公務員時代そのままと思われる人の良さそうな顔つきで、やたらに腰が低く、ヨレヨレのスーツを着て、なぜか、いつも手にはどこかのデパートの古びた紙袋を持って鞄《かばん》の代わりにしている——。

こうした外見は周りに警戒感を起こさせないように、西田氏本人がある程度意識して演出したものなのだろう。しかし、それだけで、バブル崩壊後に多くの仕手筋が手じまいを余儀なくされる中でしぶとく生き残り、「最後の大物仕手筋」と呼ばれるまでになったわけではない。

今回の西田氏に対する逮捕容疑は二〇〇二年の十一月から十二月にかけて、ジャスダック上場の土木建設会社「南野建設」（現A・Cホールディングス）の株価を、同一人物が売り買いの注文を同時に出す「仮装売買」などの手口を用いて、不当につり上げたというものだ。

証券取引等監視委員会は〇五年三月にはこの件に着手し、数回にわたって西田氏から事情聴取を行なったものの、二年半を経ても立件に至らず、五年の時効が刻一刻と迫っていたのだ。

西田グループをよく知る関係者によれば、当の本人は「逮捕は無理だ」として、最後まで強気の姿勢を崩さなかったという。もちろん、ある程度は虚勢を張ってうそぶいていたのだろうが、それでも、彼の自信にまるで根拠がなかったわけではない。

実は西田氏は、「本人名義の証券口座や銀行口座などを一切保有していない」（前出の関係者）のだ。そればかりでなく、「住所すら不定で、愛人名義のマンションや高級ホテルを転々としていた」（前出同）という。

つまり、西田氏は仕手戦のターゲットとなる株を選定し、売り買いのタイミングを指示するものの、証券、銀行口座を持たない西田氏本人は資金の流れの外側に身を置いているため、取引に関与した痕跡《こんせき》をほとんど残すことはない。こうして、捜査当局にマークされながら、長らく摘発を逃れ続けることが可能になり、そのことで「西田神話」がさらに誇張されるようになったというわけだ。

そして、この西田氏の用心深いスタンスが、冒頭に紹介した側近の事故死につながったのではないかというのが、そもそもこの事故について教えてくれた有力仕手筋の見立てである。

西田グループは「西田総合」という会社名義で南野建設の株を保有していた。この西田総合そのものは、完全なペーパーカンパニーでほとんど実体はないが、注目すべきは事故死した人物がこの会社の取締役に名前を連ねていたことだ。

「あの男は西田グループの番頭格で、会計係のような存在だったんや。だから、仕手の実務はほとんどあいつが取り仕切っていたし、西田が使った証券口座や銀行口座もあの男の名義だった。そうしたことから考えて、マル暴資金を含めた金の流れの全容も摑《つか》んでいたことは間違いない」（前出の有力仕手筋）

また、事故自体にも不審な点がいくつか指摘されている。

たとえば、兵庫県警高速隊関係者によれば、「事故発生現場は見通しのいいまったくの直線道路で、普通なら事故など発生しない場所」なのだという。

また、前述した西田グループの内情をよく知る関係者は次のように証言する。

「事故死した人物は、ある国内大手自動車メーカーの高級セダンに異常なこだわりを持っていて、他の車種に乗っているのを見たことがない。なぜ、その日に限っていつもは乗らないようなワゴン車に乗っていたのか、まったく不可解だ」

この点については、前出の有力仕手筋もはなはだ不自然だとして、こう述べた。

「そもそも、仕手筋に限らず株取引の世界に生きる人間には、異常なほど験《げん》を担《かつ》ぎたがる習性がある。その側近の男が高級国産セダンにこだわったのも、験が良いからに違いない。他の車種に乗っていたというのはホンマに不自然なことで、どうしても、ワシには引っかかるんや」

さらに、取材を進めるうちに、西田を逮捕した大阪地検関係者からは事故死した男について、こんな証言も得た。

「その人物についていえば、大阪地検特捜部は重要参考人としてマークしていたことは間違いない。そういう人物が死亡したことが捜査に何らかの影響を及ぼしたことは否定できないだろう」

もちろん、これまで述べてきたことは、どれも状況証拠に過ぎない。したがって、すべての推理は憶測の域を出ないものだ。

しかし、暴力団マネーを扱う大物仕手筋が逮捕された翌日に、事件の全容を知るキーパーソンが事故死を遂げた——というのは、偶然にしてはあまりに出来すぎた話ではないだろうか。

いずれにせよ、「最後の大物仕手筋」と呼ばれた西田晴夫氏の逮捕劇から、株式マーケットと闇《やみ》社会の深いかかわり合いがハッキリと見えたことだけは間違いない。

デジャ・ビュ

今回の死亡事故を調べていくうちに、筆者は奇妙な既視感にとらわれていた。数年前に取材したケースとよく似た感じがするのだ。

それは、二〇〇六年一月に発覚したライブドア事件である。

ホリエモンこと堀江貴文社長（当時）の電撃的な逮捕は、新興市場を中心とした株価の大暴落を引き起こし、日本経済を大きく揺るがせた。のみならず、ネットバブルの頂点に君臨する王者として「時代の寵児《ちょうじ》」とまでいわれた人物の突然の失脚は、「稼げば勝ち」という当時の風潮が大きく見直されるきっかけにもなり、その意味で今から振り返れば、日本社会全体のターニングポイントだったといえるだろう。

読者もご記憶かもしれないが、この時は、東京地検特捜部によるライブドア本社に対する強制捜査の二日後の一月十八日に、当時エイチ・エス証券で副社長を務めていた野口英昭氏が怪死している。

そもそも、ライブドアの前身であるオン・ザ・エッヂで堀江貴文氏の側近の一人だった野口氏は、堀江氏のもとを離れた後も、金融王国として肥大化していくライブドアを外部からサポートし続けていた人物だった。

野口氏は、強制捜査翌日の十七日早朝に「しばらく帰れないかもしれない」と妻に言い残して東京・目黒の自宅を出て、その日は会社へ出勤したものの、夕方に退社した後から足取りが不明となった。翌十八日の早朝に、なぜか全日空機で羽田から沖縄に向かった野口氏は、昼前に那覇《なは》市内の繁華街にあるカプセルホテルにチェックイン。いったん、買い物に出て、一時間ほどで戻ってきた時、手にコンビニのビニール袋を下げているのを、フロントの従業員に目撃されている。

それから、約二時間後の午後二時三十五分に悲劇は起こった。

突然、野口氏の部屋の非常ブザーが鳴ったので従業員が様子を見に行くと、室内に設置されたカプセル状のベッドの上に腹部を血まみれにした野口氏が仰向《あおむ》けに倒れていたのだ。

「あたりは血の海で、お腹《なか》のところにピンクのボールのようなものがのっていた」(従業員)

ピンク色のものは腹からはみ出した腸だった。あまりのことに驚愕《きょうがく》した従業員は、すぐさま一一九番に通報。しかし、救急隊が駆けつけた時すでに野口氏の意識はなく、搬送先の県立那覇病院で午後三時四十五分に死亡が確認された。腹部の傷から、多量の血液が失われたことが死亡の原因だった。

警察の現場検証で、ベッド脇に凶器となった刃渡り約十センチの包丁が落ちているのが発見された。そして、事件翌日の十九日には野口氏の死は自殺だったと断定されて、捜査は事実上、打ち切られてしまう。

これに対して、週刊誌やワイドショーなど一部のメディアが、警察の結論は早急すぎるとして異論を唱えた。

筆者も当時こうした論陣を張った一人である。「野口氏の死」の真相を突き止めたいと考え、何度か沖縄へと足を運び、怪死事件の現場となったカプセルホテルをはじめとして、那覇市内の関係箇所を虱潰《しらみつぶ》しに取材した。

その結果、自分なりに導き出した結論は、野口氏がホテルの部屋で何者かに襲われたとは考えにくいが、十七日の夕刻に行方が分からなくなって以降、何者かの執拗《しつよう》な脅迫を受けて、自殺に追い込まれた可能性はあり得るというものだった――。

なぜ、このような結論を導き出したのか、順を追って説明する。

筆者自身が、野口氏がチェックインしたのと同じタイプの部屋を借りて、いろいろ調べてみたのだが、一泊三八〇〇円のこのホテルは部屋の壁が薄すぎて、室内に設置されたカプセル状のベッドに寝転がっていると、廊下を歩く人の足音まで聞こえてくるのだ。当日の事件が起こった時間帯には、野口氏の借りた隣室には客がおり、廊下に面した同じ階のトイレでは従業員がドアの補修作業をしていた。誰にも気づかれずに、室内にいた野口氏を襲撃するのは、まず無理だろうと考えたのである。

一方で不可解なのは、死に至るまでの野口氏の足取りだ。まず、十七日の夕方に会社を出てから、十八日の午前六時前に羽田に向かうために東京駅八重洲《やえす》口でタクシーに乗り込むまで、どこで何をしていたのか、何も分かっていないのである。

沖縄に到着してからの足取りは、さらに多くの不審点がある。いちいち挙げていくときりがないが、その最も大きなものは、那覇空港に到着した野口氏が、どうやって市内中心部のカプセルホテルまで行ったのかが判然としないことだ。

飛行機の到着時間からホテルへのチェックインまで、わずか三十一分しかなかったことから考えて、モノレールやバスなどの公共交通機関を使った可能性はゼロだと判断した。運行スケジュールや各交通機関の市内のホテル近辺までの所要時間を調べてみたが、どうしてもその時間内にチェックインすることが出来ないのだ。

ならば、最も可能性が高いのはタクシーを利用したというものだが、筆者のみならず各マスコミが空港につけているタクシーの運転手に片っ端からあたって調べたものの、どうしても野口氏を乗せたというタクシーが出てこない。実はこの点については、沖縄県警もかなり丹念に調べたようなのだが、タクシーを見つけ出すことが出来なかったという。

こうしたことから導き出される結論は、野口氏は那覇空港に迎えに来ていた何者かの車で市内まで向かったということだ。そして、当然その何者かは、野口氏の死の謎《なぞ》を解く鍵《かぎ》を握っていることになる。

にもかかわらず、なぜその人物は名乗りでないのか。これこそまさに、野口氏の死に事件性があることの何よりの証拠ではないだろうか。

前述した通り、事件発生当初、いったんは自殺と断定した沖縄県警だったが、日々過熱する報道に押される形で捜査を再開。しかし、結局、何の進展も見られなかった。〇六年二月七日に、民主党の細川律夫《りつお》議員が衆議院予算委員会で野口氏の怪死事件について、「自殺なのか他殺なのかよく分からない。もう一度捜査し直すべきではないか」と質問。これに対して、警察庁の縄田修刑事局長（当時）は「現場の状況、関係者の供述から犯罪に起因するものではない」と述べ、「自殺だ」ということを強調した。そして、この答弁により再捜査にも事実上、終止符が打たれることになったのである。

しかし、事件後しばらく経《た》った頃にこの事件に関して、複数の警察庁幹部に取材したところ、全員が沖縄県警の捜査姿勢は「言語道断だ」と口を揃《そろ》えた。ライブドア事件という重大な経済事件の重要参考人が変死したにもかかわらず、最初から自殺と決めてかかって、ほとんど事件性を考慮しなかったというのは、許し難い怠慢だというのだ。

こうしたコメントを裏付けるように、〇六年春の人事で沖縄県警幹部の大規模な異動が行なわれた。これについて地元紙など一部のマスコミは、野口氏の怪死事件における〝失態〟の責任を取らされたものだと解説した。

その数年前から、全国の警察組織が総力を挙げて、暴力団絡《がら》みの事件を相次いで摘発していた。そこには闇勢力の伸張をこれ以上許さないという、警察サイドの決意があったのだという。筆者が特に注目したのは、警察庁幹部がこうした流れの中に野口氏の事件を位置付け、その真相が闇に葬《ほうむ》られる形になったのを、大きな失態だと捉《とら》えていることだ。

言い換えれば、これはつまり、事件の背後に闇勢力の存在があることを強烈に意識していることに他ならない。

闇社会との接点となった「ブラックボックス」

それでは、そもそもライブドア事件の主役でもない野口氏がなぜ、このような大災難に巻き込まれなければならなかったのだろうか。そこには、この章の冒頭で述べた「最後の大物仕手筋」側近の怪死と同じ構図があるというのが、筆者の見解だ。

ライブドア事件で捜査当局が注目したのは、金融テクニックを駆使した同社の錬金術だったが、まさに、そこに事件自体の核心があるといっても過言ではなかった。そして、その解明のプロセスにおいて重要なキーワードとなったのは「投資事業組合」という仕組みだった。

もっとも、この投資事業組合自体はそれほど複雑なものではない。詳しい説明は省くが、要するに皆でお金を出し合って何かに投資するというだけのものなのである。ただし、ここで重要なのはこの投資事業組合の運営は参加者の自由に任されていることだ。集めたお金で投資をしたり、それを元手に何らかのビジネスを行なって得た利益は応分の税金さえ払えば、後はどのように分配しようと構わない。

もう一つ注目すべき特徴は、投資事業組合に誰がお金を出しているのか、参加者に対してすらオープンにする必要がないということだ。つまり、組合の主宰者である業務執行組合員以外は、誰が参加しているのかすら分からないのである。さらに、主宰者には決算や運用報告などをする義務もないから、具体的にどんな投資をして、どれくらいの利益が出たのか細かいことは分からない。そして、利益の配分は実質的に主宰者の裁量に任されることになるのだ。

ライブドアグループや堀江氏個人などは、いくつもの投資事業組合に出資して実質的に支配下に置き、企業買収や自社株売買で得た利益を分配金として環流させていたのだが、野口氏はその金の流れの実態をすべて把握していたとみられるのである。かりに、捜査当局が野口氏の身柄を押さえれば、ライブドア事件にかかわる金の流れは、かなり迅速に解明される可能性が高かったといえるだろう。

実際、野口氏の所在が不明になった一月十七日の午後に、東京地検が抜き打ちで野口氏の自宅を家宅捜索しているのだが、これに立ち会った夫人からの電話で、チャート図のようなものが検察に押収《おうしゅう》されたと聞かされた野口氏が顔面蒼白《そうはく》にしてうろたえている姿を、会社の同僚たちに目撃されている。

実はこのチャート図は二〇〇四年四月に、野口氏が堀江氏やライブドアの財務担当だった宮内亮治《りょうじ》氏らと、投資事業組合を活用した錬金術について話し合った際に作られたもので、そこにはライブドア事件の核心ともいえる、投資事業組合の仕組みと資金の流れが詳細に記されていた。

そして、それこそ当時、「ネットバブルの覇者」となって我が世の春を謳歌《おうか》していた堀江氏を、株式市場を自分の財布代わりに使った〝悪者〟として摘発するために、ややフライング気味に強制捜査に乗り出した東京地検特捜部にとっては、喉《のど》から手が出るほど欲しかった〝証拠〟だったのである。

あとは野口氏を厳しく事情聴取すれば、迅速に捜査を進めて立件に至るはずだ。そう考えていた矢先に野口氏が怪死を遂げたことで、特捜部の目論見《もくろみ》は大きく狂ったに違いない。

それでは、野口氏は堀江氏を庇《かば》って死んだのか――。

正直言って、事件当時、筆者にはそうは思えなかったし、その考えは今でも変わっていない。第一、野口氏には堀江氏に対するシンパシーはほとんどなかったとみられる。野口氏がかつて堀江氏のもとで働いていたことはすでに述べたが、二人が袂《たもと》を分かったのは、堀江氏のワンマン体質に野口氏が嫌気がさしてのことだった。その後も野口氏がライブドアとのつきあいを続けたのは、もっぱら、宮内氏との親しい関係があったからこそのものだったといわれている。

また、そもそもライブドア事件自体、まず「堀江逮捕ありき」のいわゆる「国策捜査」という性格が色濃いものだったことを考えれば、野口証言のあるなしによって捜査が進展するスピードに多少の違いは出たことは間違いないが、それが決定的なファクターとなって立件自体が不可能になることはほとんどなかったはずだ。

確かに捜査の端緒において野口氏は重要参考人ではあったが、すべての鍵を握るという存在ではなかったのである。実際に、特捜部は多少の回り道はしたものの、その後何とか証拠を集め堀江氏の逮捕・起訴にこぎ着けたことからも、それは明らかだといえよう。

野口氏の死の背後には、ライブドア事件とは直接関係ない、何かもっと奥深い闇《やみ》があるというのが、怪死事件を取材した当時からの筆者の率直な見解であるし、それは今も変わっていない。

実はこうした見方を裏付けるある重要人物による証言が、〇八年に入って飛び出して、関係者の間で注目を集めた。「週刊朝日」二月二十九日号に、「真相　逮捕直前にキーマンが証言したライブドア事件『沖縄自殺』」と題して掲載された記事がそれだ。

記事の中ではまず、「ICFの連中がめちゃくちゃするから、沖縄で野口さんが殺されたんや」という証言者のコメントを紹介。ここに登場する「アイ・シー・エフ（現・オーベン）」とは、東証マザーズ上場（〇八年四月に上場廃止）のIT関連企業で、アングラ経済の世界では名の知れたいわく付きの存在だ。〇八年二月十三日に大阪府警などが、このアイ社のM&A（企業の合併・買収）に関連する金融商品取引法違反（偽計取引）事件を摘発したのだが、その詳細は後述する。

記事によれば、野口氏は、アイ社の幹部や関係者など数人の資産、約一〇〇億円を香港《ホンコン》などで運用していたのだが、怪死事件に際してこれら資金の運用を任せていた人々が「あれは自殺じゃない、殺されたはずだ」とか「うちの会社（筆者注・アイ社）を調べたら野口さんが亡《な》くなった理由がわかる」などと述べて、パニック状態に陥ってしまったのだという。さらに、野口氏自身、香港での取引に関して「出所のわからないカネもあり、ちょっと怖い」と語っていたというエピソードも付け加えられていた。

いったい、これらの証言やエピソードは何を意味するのだろうか。

ライブドア事件では、いくつもの投資事業組合を活用した錬金術が取り沙汰《ざた》された。そして、野口氏がこうした資金の流れと密接な関わりを持っていたことは、すでに述べた通りだ。

もし、そこに集まる資金の一部の枠が野口氏に任されていたとすれば、ほぼ確実な儲《もう》け話として、自分にとって大切な顧客などに割り当てることが出来る。そして、「週刊朝日」の記事にあったように、そこに「出所のわからないカネ」が紛れ込んでいたとしたら……。

強制捜査のとばっちりを受けて、こうした投資事業組合の内情が捜査当局に露見した場合、〝出資者〟に多大な迷惑を及ぼしかねない状況があったのかもしれない。そうだとすれば、それが野口氏を死に追い込む、大きな原因になったとは考えられないだろうか。

野口氏に関してはこんなエピソードもある。

野口氏は、〇三年にエイチ・エス証券の営業担当として、A社という沖縄のIT企業のIPO（新規株式公開）を手がけたことがあった。この株式公開は当時IPOで業績を伸ばしていたエイチ・エス証券にとっても正念場というべき案件で、野口氏は足繁《しげ》く沖縄に通っていたという。

ところが、このA社という会社を詳細に調べていくと、いくつか気になる点が出てくるのだ。そもそも、二〇〇〇年三月にこの会社が設立されたときにその中心となったのは、IT技術を使った音楽配信事業で注目を集めていた「リキッドオーディオ・ジャパン」という会社だった。

九九年十二月に、新興市場であるマザーズ市場への上場第一号となったリキッド社は、短期間で株価を四倍にも急騰《きゅうとう》させ、一躍注目を浴びる存在となった。しかし、そうした華やかな部分はあくまでうわべだけに過ぎなかった。実は同社は、指定暴力団のフロント企業と密接な関係を持っていたのである。

当時、すでに暴力団は新興市場に目をつけ、そこからしのぎを得ることを画策していた。特に急ごしらえで開設されたマザーズ市場は上場の審査基準も緩く、闇勢力にとっては格好のターゲットとなった。リキッド社のケースは、まさにその先鞭《せんべん》をつける形となったのだ。

だが、栄光はそう長くは続かなかった。リキッド社を巡るスキャンダルがマスコミを賑《にぎ》わすようになる中で、〇〇年十月、上場時に同社の社長を務め、その前月に辞任したばかりだった大神田正文氏が、同社元役員に対する逮捕監禁容疑で警視庁捜査四課に逮捕されてしまったのだ。この事件の摘発に暴力団担当の四課が乗り出したことからも、リキッド社がどういう体質の会社だったのかが、よく分かるだろう。

もちろん、だからと言ってリキッド社などが主導して設立されたA社まで、闇社会と関係があるとは断定できない。実際、A社の役員らは、同社と反社会的勢力の関係を強く否定した。

しかし、筆者が野口氏怪死事件当時に摑《つか》んだ情報によれば、当初、A社の社長に前述した大神田氏が就くという話があったというのだ。大神田氏は東京大学工学部出身のエリートではあるが、リキッド社の社長になる以前には、警察が暴力団のフロント企業と見なしていた企業で総務部長を務めていた経験があるなど、以前から闇勢力と関わりを持っていた。そんな人物が社長に就く可能性があったというのは、いったい何を意味しているのだろうか。

とにかく、A社に関しては、相当不可解な部分のある会社だというのが、筆者の率直な感想だ。

一方、ここで注目すべきは、〇三年にA社が上場する前の段階で、野口氏に対して同社の株式が割り当てられていることだ。IPO直前の未公開株というのは、一般的に大幅な値上がりが期待できるものだが、野口氏はそれを自分で作った投資事業組合に持たせたのである。

前述したように、投資事業組合を介せば、この株式から得られた利益がどこに分配されたのかは分からない。野口氏が儲けさせたいと考えている人物に、人知れず利益がわたっていったとも考えられるのだ。いったい、この時の上場益はどこに消えてしまったのだろうか。

筆者は、投資事業組合を利用したライブドアの錬金術の原点は、このA社のケースにあったと見ている。当初はその匿名性《とくめいせい》に着目した単純な構図だったが、それはその後約二年の間に飛躍的な進化を遂げることになった。

投資事業組合をいくつも組み合わせた上に、海外のタックスヘイブンなどを利用して匿名性を高め、さらに、株価を押し上げるテクニックがふんだんに盛り込まれる形で、ドンドン発展していったのではないだろうか。

そして、こうして出来上がった極めて匿名性の高い「ファンド」としての投資事業組合が、野口氏と闇社会の接点になっていったのではないかと、筆者は睨《にら》んでいるのである。

株式市場の「ハイエナ」たち

ここで、話を「週刊朝日」の記事に戻そう。

筆者がなぜこの記事に注目したのかと言えば、その内容もさることながら、証言者自体にも、かなりのインパクトがあったからだ。

その男、豊臣春國《とよとみはるくに》氏は関西のアングラ経済においては、西田晴夫氏に負けず劣らずのキーパーソンなのである。

パチンコ攻略情報を提供する「梁山泊《りょうざんぱく》」という会社の実質的経営者である豊臣氏には、一部に元山口組系暴力団幹部という情報もあったが、本人は断固としてそれを否定している。ただし、だからと言ってこの人物が闇勢力と無関係というわけではない。

大阪地検関係者は次のように証言する。

「豊臣容疑者が不正に得ていた利益は、今回の一件だけで約五億八〇〇〇万円にのぼる。このうちいったいどの程度の金が暴力団に流れ込んだのか。資金の流れを明らかにすることこそが、事件の全容の解明につながると言っていいだろう」

ここでいう「事件」とは、前述したアイ・シー・エフによる金融商品取引法違反（偽計取引）事件である。二〇〇八年二月十三日、大阪府警捜査四課は主犯格の豊臣氏をはじめとして、アイ社の佐藤克・元社長、同社元役員の小野高志氏、旧港陽監査法人に所属していた公認会計士、田中慎一氏の四人を逮捕し、証券取引等監視委員会とともに関係先十数カ所を捜索した。

彼らにかけられた偽計取引容疑とは具体的には、〇五年二月にアイ社が大阪市内の広告会社「大阪第一企画」を株式交換で買収した際、買収相手の会社の資産価値を高く見積もることで、自社株の価値を不当につり上げたというものである。

この当時、「大阪第一企画」はすでに債務超過状態に陥ってボロボロの状況だったという。しかし、買収前に豊臣氏が自らの支配下にある梁山泊グループから大量の広告を発注することで、業績は一気に好転。ただし、この発注の多くは実質的には架空取引であり、経営状態には何の変化もないというのが実態だった。

売り上げの水増しなどにより見かけ上は優良企業となった大阪第一企画を買収したことで、アイ社の連結ベースの売り上げも伸びる。さらに、「アイ社が急成長企業を買収した」という情報が投資情報メディアやインターネットの掲示板等を通じて流されれば、株式市場で買いが集まり、アイ社の株価が一気に上昇する。

大阪第一企画はそもそも豊臣氏の強い影響下にある会社で、株式交換で同社に渡ったアイ社株は、海外のタックスヘイブンに設立された投資会社の手に渡り、その代金という形で豊臣氏には大金が入る。もちろん、投資会社はアイ社株の高値が続くうちにそれを市場で売り払い多額の利益を得た――。

以上が、捜査当局サイドの描く今回の事件の構図である。

そして、注目すべきはアイ社が同様の行為を繰り返していたことだ。アイ社は、〇四年四月以降の二年にも満たない間に、大阪第一企画を含めて十六社をいずれも株式交換で買収した。なぜ、「株式交換」という手法にこだわったのかといえば、自社株と買収相手の株を交換でM&Aが出来れば、元手がかからないからだ。

一般的にM&Aに際して最も重要なのは、相手の企業価値を査定する「デューデリジェンス」だが、これはアイ社にとってはまったく意味がない。なにしろ、彼らが狙《ねら》う企業はほとんど、経営に行き詰まった「ボロ会社」ばかり。本当の企業価値がわかれば、かえって面倒なことになるわけだ。従って、相手企業の出してくるデータをそのまま丸呑《まるの》みして査定はお終《しま》い。明日の資金繰りにも困っている相手企業の経営者は、アイ社側の無理難題は受け入れるから、同社にとって都合の良い条件でM&Aが可能になる。

相手企業を傘下《さんか》におさめ連結決算の対象としたら、あとは大阪第一企画のケースと同様に、売り上げを底上げした上で、アイ社の株高騰の材料となるタイミングを見計らって、合併を発表する。

こうしたアイ社の錬金術には、豊臣氏も深く関与していたと見られる。そして、豊臣氏を通じて巨額の資金が闇社会に流れ込んでいったと、捜査当局は睨んでいるのだ。「豊臣容疑者は頻繁に暴力団幹部と接触を重ねていたことからも、今回の事件をはじめ一連の取引には暴力団が大きく関与していたと見て間違いない。ここで言う暴力団とは、ズバリ山口組のことだ。つまり、その部分にメスを入れて行かない限り、事件の全容解明にはつながらないだろうし、当然のことながら捜査当局もその部分を強く

意識していると言っていい」（捜査関係者）

今回の事件でもう一つ注目すべきは、ライブドア人脈が微妙な形で絡《から》んでいるという点だ。

逮捕された公認会計士の田中慎一氏が所属していた港陽監査法人はライブドアの監査を任されていた会計事務所で、田中氏はその当時の経験を『ライブドア監査人の告白』（ダイヤモンド社刊）という本にまとめている。なお、ライブドア事件に関連して代表社員が刑事告発されたことなどから、港陽監査法人は〇六年六月に解散していることを付け加えておく。

この田中氏に加えてさらに重要なのは、元ライブドア取締役の榎本大輔《えのもとだいすけ》氏の存在である。豊臣氏を事件の主犯格とすれば、榎本氏は参謀というべき存在だったとみられる。実際、榎本氏は逮捕こそされなかったものの、豊臣氏らが逮捕された〇八年二月十三日朝に、東京千代田区にある榎本氏の自宅も大阪府警の家宅捜索を受けている。

いったい、この榎本氏とはどんな人物なのか。

一九七一年生まれだから、ライブドアの堀江元社長とは同世代になる。千葉県の私立高校卒業後、アメリカへと渡り現地の大学などで学ぶが、この時にインターネットの洗礼を受ける。

もともと、高校時代からゲームのプログラミングなどを通じてパソコンには精通しており、すぐにこれは大きなビジネスチャンスになると見通した榎本氏は急遽《きゆうきよ》帰国し、パソコン用モデムを製造する企業を起こすが、この会社はあまりうまくゆかず、早々に売却してしまう。

その後、香港に渡ってインターネット関連のビジネスをしていたが、九八年に再び日本でパソコンソフト会社「プロジー」を設立。時あたかも二〇〇〇年春を頂点とするＩＴブームが始まろうとしていた。この辺りから榎本氏は時流に乗り始める。

〇二年九月には自らが代表取締役を務めるプロジーグループを、ライブドアの前身であるオン・ザ・エッヂへ売却。同時に同社の取締役に就任し、ＣＳＯ（最高戦略責任者）として経営に参画するが、堀江氏との仲は一年も保《も》たず、翌〇三年七月に同社役員を退任している。

榎本氏本人が、〇五年に「スペースフューチャージャパン」というインターネットサイトのインタビューで語ったところによれば、この時一〇億円ほどの現預金を手にした榎本氏は、しばらくヨーロッパなどで遊び暮らしていたが、今後は経営者より投資家でいこうと思い立ち、〇四年一月に見つけたアイ・シー・エフへ投資したところ、それがものの見事に当たって五〇億円もの大金を手にしたのだという。

その後、榎本氏は宇宙への夢を追いかけ始める。民間人に宇宙旅行サービスを提供するスペースアドベンチャーズ社と契約を交わし、民間宇宙飛行士候補となったのだ。旅行の内容はロシアのソユーズ宇宙船で国際宇宙ステーションを訪れ、一週間の滞在の後、地球へ帰還するというもので、費用は約二三億円だという。

しかし、ロシアなどでの厳しい宇宙訓練を経て、〇六年九月に予定されていた打ち上げを待つばかりとなった同年七月に、「健康上の理由」から榎本氏の宇宙船への乗船は取りやめになってしまう。

同じ七月に、榎本氏が所有していたライブドア株の売却益三〇億円の申告漏れが東京国税局により指摘され、約三億五〇〇〇万円の追徴税を払っているが、宇宙旅行の中止にはこの件が少なからず影響したのではないかともいわれている。

榎本氏は人気ロボットアニメ「機動戦士ガンダム」の大ファンとしても知られ、当時、彼のホームページにはガンダムの主人公に擬《なぞら》えて、宇宙船のコクピットに座る本人のイラストがアップされていた。それほど、楽しみにしていた宇宙旅行が中止されて、さぞ落胆したことだろう。

しかし、こういうオタクっぽい雰囲気は、榎本氏の一面に過ぎない。時にこの人物が見せる俊敏で熱い行動力と貪欲《どんよく》さは、まるで猛禽類《もうきんるい》を思わせる。

前述した「スペースフューチャージャパン」のインタビューで、本人は偶然見つけたアイ社に投資したら、「やばい五〇億円もできちゃったよ!」などと、まるで昔話の「わらしべ長者」のような話しっぷりだったが、実際にこの投資がそんなものだったとは思えない。

ただ、漫然と投資をしただけで、五〇億円もの大金を手に入れられるはずはない。勝つ者は用意周到に準備を重ね、勝つべくして勝っているのである。そもそも、アイ社に目をつけたこと自体、十分な勝算と必勝のプランに裏打ちされたものだったに違いない。

話を時系列で整理して、この点を検証してみよう。

アイ社が一連のM&A攻勢の皮切りとして、DVD卸売業者を買収したのは、〇四年四月のことだった。実はそれ以前の同年一月に、豊臣氏がアイ社の筆頭株主となっている。

この最初のM&Aの前後からアイ社の株価が上がり始め、それまで五万円前後に低迷していた株価は、四月の終わりから五月初めにかけて一気に一二万円を突破、豊臣氏はわずか数カ月で投資額を上回る含み益を得た計算となる。

ちょうどこの頃、豊臣氏の株指南役といわれる人物が、豊臣氏に榎本氏を紹介する。一般的に仕手戦で一番難しいのは、持ち株を売り抜くことだといわれている。株価をつり上げたのはいいが、一気に大量の株を市場で売りに出せば、大暴落を招いてしまう。その意味では、大量の株を市場を通さず、相対で引き受けてくれる榎本氏の登場は、豊臣氏にとって願ったり叶《かな》ったりだったに違いない。

結局、八月に入って豊臣氏は榎本氏に所有するアイ社株の過半を売却している。株価の暴騰《ぼうとう》は続き、この時期には三〇万円を突破していた。これにより筆頭株主は榎本氏へと変わった。

その後、アイ社は九月に映像製作とモバイル事業の二社を相次いで買収。そして、十月、十一月、十二月と三カ月連続で段ボール販売、イベント企画、電話受付代行会社の三社を買収するなど、M&A攻勢を加速させていく。さらに、年が明けて〇五年二月には今回、豊臣氏らの逮捕要件となった大阪第一企画を買収。

まさに、買収に次ぐ買収だが、相手企業の業種はバラバラで、アイ社サイドが言うところの本業との「シナジー効果」など、期待できそうにない。だいたい、M&Aされた会社のほとんどがその後、売却されたり、解散したりしていることを見ても、これらの買収劇は最初から株価をつり上げるための方便だったと考えざるを得ない。

これ以降も、活発なM&Aは続き、〇六年一月までにさらに九社が買収されるが、そこにもやはり、株価のつり上げを狙う以上の戦略は見えてこない。

さて、この間、榎本氏は〇四年十二月にアイ社の最高戦略顧問に就任し、経営にかかわっている。これは前述した通り、同年八月にアイ社株を大量に取得して、一気に大株主となった榎本氏が、当時社長を務めていた佐藤克氏に自分が顧問になれば株価が上がるとして、持ちかけたものだったという。

すでに、三〇万円前後まで暴騰していたアイ社株を引き受けたことで、榎本氏も必死だったのだろう。それが、この異常なまでのM&Aの連発につながったとみられる。

実際、アイ社の株価は榎本氏が筆頭株主になった直後、〇四年九月中旬には五二万円の最高値を付けているし、それ以降も三〇万円前後で推移した後、〇五年五月中旬には株価は再び四五万円を越えている。

そして、榎本氏が最高戦略顧問を辞めた〇五年六月頃から株価は下落に転じ、翌〇六年一月のライブドア事件に伴う株価の暴落以降、投資家の新興市場離れとも相俟《あいま》って、同社の株価はオーベンと社名を変えた今日に至るまで低迷を続けている。

ライブドアの二番煎《せん》じ

それにしても、アイ社による一連のM&A攻勢を見ていくと、ここでも、ある種の既視感を覚えざるを得ない。ちょうどこの当時、ライブドア・グループは株式交換による企業買収を活発に行ない、株価をつり上げることで市場から莫大《ばくだい》な利益を得ていたが、アイ社の企業買収はこのライブドアの手口とよく似ているのだ。

いや、正確にはできの悪いコピーというべきか。豊臣氏のような闇《やみ》社会と繫《つな》がりがある人間が大っぴらにかかわって、利益を文字通り収奪していくという荒っぽさは、ライブドアの錬金術には見られないものだ。

実は、〇三年十二月にアイ社の子会社だった「ウェッブキャッシング・ドットコム」という会社が株式交換により、ライブドアに買収されているのだが、この時の経験がアイ社による一連のM&A攻勢のヒントになったと見られているのである。

このウェッブ社の業務内容は、ネットで消費者金融を比較・仲介するというものだったが、ライブドアは〇三年十一月から〇四年三月にかけて、ウェッブ社の他、携帯電話販売のクラサワコミュニケーションズ、女性コンパニオン派遣会社のトラインの三社をいずれも株式交換で次々と買収した。

しかし、各社の株式は買収発表以前にライブドアが実質的に支配する投資事業組合によって買収されており、各社が受け取るはずだったライブドアの新株は投資事業組合へと渡った。さらに、買収発表と同時にライブドア株式の百分割を発表するなどの市場刺激策が取られ、株価が上がりやすい状況が醸成されたのだった。

結局、企業買収により一四四万株のライブドア新株を手に入れた投資事業組合は、それを市場で売りさばき、約三七億六七〇〇万円の収入を得た。そして、それはそのままライブドアの売上げとして計上され、〇四年九月期の粉飾決算の原資となったのである。

実は、この決算でライブドアは実際には連結ベースで三億一三〇〇万円の経常損失だったものを、投資事業組合を活用した同じような手口で自社株を売却したり、買収した企業との架空取引などにより合計五〇億円以上を粉飾し、約五〇億三四〇〇万円の経常利益としたのである。こうして業績好調の急成長会社を装《よそお》うことで、ライブドア株は市場で注目され時価総額は膨らみ続けた。その結果、〇五年秋には単体で七〇〇億円、グループ全体で一兆円にまで達したのである。

当時のアイ社の経営陣は、こうしたライブドアの快進撃を目《ま》の当たりにして、同じことを自社でもやろうと考えたのだろう。そして、そこに目をつけて集まってきたのが、豊臣氏や元ライブドア幹部の榎本氏などの面々だったというわけだ。ただし、アイ社のM&A攻勢は、ライブドアのそれと比べれば手口も荒っぽい上に、どこか泥臭い感じがする。

ライブドアは企業としての中身に乏しく、実態としては金融部門のみが肥大化し、ひたすらマネーゲームに興じる投資ファンドというべきものだったが、「時価総額世界一」という目標を掲げフジテレビの買収に乗り出すなど、一応は自社の成長戦略らしきものを持ち、ある程度それを実現してきた。これに対して、アイ社にはほとんど企業としての戦略など見られない。彼らが一連のM&Aを通じてやってきたことは結局、株式市場から資金を収奪しただけでしかない。

もっとも、投資家サイドもその点は心得たもので、アイ社は実質的に「仕手銘柄」として認識されており、「素人《しろうと》」が気軽に手をだせるような株ではなかった。何か動きがあるたびに「セミプロ」というべき投資家が、勝ち馬の尻《しり》に乗ろうと群がってくるというのが、アイ社株の基本的な動きだった。

前述した闇勢力の関与という点で付け加えれば、榎本氏への株式の売却でいったんは豊臣氏との関係性が薄れたにもかかわらず、アイ社はわざわざ、豊臣氏が実質的に支配する大阪第一企画の買収に乗りだして、再度食い物にされている。一説には、この買収についてアイ社経営陣は豊臣氏との取引で巨額の損失が出て、その弁済を迫られたと説明しているという。

豊臣氏にしてみれば、自分が株を手放した後も株の高騰が続くアイ社を、みすみす見逃す手はない。とことん、しゃぶり尽くそうと考えたとしても不思議ではない。

結局、この一件が今回の逮捕要件となったというのはすでに述べてきた通りだ。ある捜査関係者は事件に関して、「榎本氏がキーマンだとみて間違いない。具体的に事件の構図を書いたのは榎本氏ではないかと睨《にら》んでいる」と語る。

大阪第一企画の買収に際して交換されたアイ社の新株は、海外のタックスヘイブンに設置された榎本氏関連の投資会社に移され、豊臣氏にはその代金約八億円が支払われている。もちろん、投資会社は後にアイ社株を売却し、その利益は榎本氏に入っている。

海外法人を絡《から》める手口は、ライブドアの錬金術でもしばしば見られたもので、資金や株の流れを分かりにくくして、不正が発覚しにくくするための工作だったと見られる。強面《こわもて》で押しの強いタイプの豊臣氏には、株や金融の知識はほとんどなく、当然、こんな芸当を思いつくはずはない。こうした手慣れたやり方は、榎本氏によるものだと見られる。

榎本氏はわざわざ豊臣氏を儲《もう》けさせた形だが、彼にとってもメリットがなかったわけではない。豊臣氏の影響下にあり、ほとんど言いなりに動かせる大阪第一企画のような会社は、榎本氏の〝投資戦略〟にとっても極めて使い勝手がよかったのだろう。

こうして、ＩＴ投資家と闇勢力の代理人というべき人物の「ギブ・アンド・テイク」の関係が成立したというわけだ。

さらにここで、豊臣氏の率いる梁山泊グループのもう一人のキーマンである川上八《やっ》巳《み》氏について言及しておきたい。同和団体の元役員としてＪＲ京都駅前の地上げなどで名を馳《は》せた川上氏は豊臣氏の株指南役などといわれ、〇七年三月にはヘラクレス上場の情報通信会社「ビーマップ」の株価を不正につり上げた株価操縦の容疑で、豊臣氏らとともに大阪府警に逮捕されている。

また特筆すべきは、この川上氏とライブドアの堀江社長、さらには怪死を遂げた野口氏との関係である。

国内の仕手筋に太いパイプと広範な人脈を持つ川上氏は、そもそも、ドメスティック色が強い人物だったが、外資などの協力者を得て〇四年頃から香港・マカオでも積極的に投資を行なうようになり、カリブ海に浮かぶタックスヘイブン、英領ヴァージン諸島などを介した世界的な資金還流網を築き上げるに至ったようだ。

堀江氏や野口氏とは仕手関係の人脈を通じて知り合ったといわれている。その後、一緒に海外投資に乗り出すまで関係は発展していったが、特に野口氏の所属していたエイチ・エス証券とは親密な関係にあった。川上氏は野口氏のビジネスパートナーだったという情報もあり、そのため〇六年一月の怪死事件直後から、事件に関連して川上氏の名前が取り沙汰《ざた》されたりもした。

彼らのビジネスの詳細は不明だが、前述のように基本的には投資家から資金を募り投資事業組合のような匿名性《とくめいせい》の高いファンドを組成して香港など海外で投資をして、その利益を国内に還流させるというものだったとみられる。仮にこれらの投資資金に暴力団など闇勢力のアングラマネーが混ざっていたとすれば、これはまさにマネーロンダリングに他ならないことになる。野口氏怪死の謎《なぞ》を解く鍵《かぎ》は、この辺りにあるのかもしれない。

「事後チェック型社会」の代償として

さて、話をアイ・シー・エフの事件に戻すと、この事件にはベンチャー企業と新興市場をめぐる様々な問題が凝縮されているといっても過言ではない。

その第一は、上場企業が率先して株式市場を舞台にした不正に荷担しているという点だ。ネットバブルを背景に、M&Aを乱発し、インチキなIR（投資家向け広報）で刺激すれば株価はつり上がり、自社株を売り抜くことで、巨額の資金を株式市場から引き出すことができた。

さらに、増資やMSCB（転換価格修正条項付き転換社債型新株予約権付き社債）発行により、業績不振の企業からでも金を叩《たた》き出すことが可能だった。

このMSCBとは、本来、業績が悪くて銀行から融資を受けられないような企業が、資金調達の最後の手段として発行するケースが多い転換社債なのだが、社債を引き受ける投資家にとっては、ほとんどノーリスクで利益をあげられるおいしい仕組みとなっているのが特徴だ。

通常のCB（転換社債）では、発行時に一株あたりいくらで株式への転換が行なわれるか決まっているのに対して、ＭＳＣＢでは株価の下落に合わせて転換価格も下方修正されるため、転換できる株数は株価の下落に比例して増えることになる。

そして、このＭＳＣＢを悪用すれば、次のような錬金術が可能となる。ある企業のＭＳＣＢを引き受けた投資家が、市場でその株を信用取引して値を下げる。そうすると転換価格が下がって取得株数が増え、さらに大がかりな空売りが可能となる。株価が転換価格の下限となったところで、ＭＳＣＢを株に換えて空売りした信用取引分を現物で返せば、投資家はその段階で株価の下落分だけ利益をあげることができる。

ほとんど無利子で資金を得られるＭＳＣＢが適正に活用されれば、企業再生の大きな切り札となるのだが、実際には得体の知れない勢力が絡むＭＳＣＢが繰り返されてきたのも事実だ。

このように上場企業を活用すれば、様々なテクニックにより市場から巨額の資金を引き出すことが可能になる。

もちろん、従来型の仕手戦同様に、普通の投資家はこうした怪しげな銘柄にはほとんど近づかない。欲の皮の突っ張ったセミプロの投資家が乗っかったのだから、あくまで自己責任だと考えることもできる。しかし、そこそこ名の知れた株式評論家が自らの雑誌連載で明らかに仕手銘柄と分かる株を推奨していたケースもあったことを考えれば、食い物にされたのはセミプロばかりとはいえないだろう。さらに、不正に市場から引き出された資金の多くが闇社会に流れていたことは、放置できる問題ではない。

そして、もっと深刻なのは、こうした怪しげな企業の存在が、新興市場全体の信用を失墜させ、機能不全に陥らせていることだ。

言うまでもなく、直接のきっかけはいわゆる「ライブドアショック」だった。しかし、事件から四年以上を経た現在に至っても、新興市場の株価は回復する気配すら見えない。この点について、ある新興市場の幹部は次のように語る。

「実はライブドア事件以後、外資は日本の新興市場株をファンドに組み込まないことをルール化しているんです。個々の企業のＩＲを信用していないというより、新興市場全体を信用していないということなんでしょうね。また、日本の機関投資家もこれに準ずる対応を取って、新興市場株を敬遠しています」

この幹部は、新興市場株を買ってもらえるように積極的にセールスをしているものの、結果はあまりはかばかしくないという。そして、ここでも大きな問題としてクローズアップされるのは、アイ社のケースに代表されるようなベンチャー企業と闇勢力の癒着である。

「外資はコンプライアンスが厳しいですから、もし、投資したベンチャー企業が暴力団と関係があったなどということが露見した場合、知りませんでしたでは済まない。訴訟沙汰となり、多額の賠償金を求められかねない」（前述の新興市場幹部）
　外資や機関投資家のみならず、一般投資家も新興市場離れを起こしているから、資金の流入は細って株価はかつての数十分の一となり、いまや市場はセミプロの投資家たちが資金を奪い合う鉄火場と化しているのが現実だといっても過言ではない。

　それでは、そもそもなぜこのような事態を引き起こしてしまったのだろうか。九〇年代後半、バブル経済崩壊の傷が癒《い》えない日本では、ベンチャー企業の育成とその資金を調達するための新興証券市場の発足が急務となっていた。
　そこにまず名乗りを上げたのが、ソフトバンクを率いるベンチャーの勇、孫正義氏だった。彼は米国の店頭市場ナスダックを運営する全米証券業協会のフランク・ザーブ会長と組んで、九九年二月に記者会見を開き、ナスダック・ジャパン構想をぶちあげる。これを出し抜く形で東京証券取引所が独自の新興市場マザーズを設立したのが、九九年十一月のことだった。それから、遅れること約半年、二〇〇〇年五月に大阪証券取引所に開設されたナスダック・ジャパンが六月に売買スタート。これにより、日本でも本格的な新興市場の時代が幕を開けたのである。

それまでは上場に至るまでのハードルはかなり高く設定されていた。しかし、ベンチャー企業の場合、資金的に必要な額は五〇億円前後というのが一般的だから、東証の一部や二部に上場するほど厳しい基準は必要ないだろうということで、例えば、赤字でも上場できるというように、ハードルが下げられたのである。そして、そこに大きな落とし穴があった。

もっとも、当時のITバブルはその後すぐに崩壊し、新興市場を舞台にしたベンチャー起業ブームは一気にしぼんでいく。だが、その後、〇一年四月に「構造改革」を旗印に小泉純一郎政権が登場したことで、一気に風向きが変わり始める。

小泉政権は発足以来、「市場の活力」を重視する新自由主義的な考えに基づいて、社会・経済の様々な分野で規制緩和を進めていった。一連の改革を通じて日本は「事前チェック型社会」から「事後チェック型社会」へと、大きく変貌《へんぼう》を遂げていったのだった。

この「事後チェック型社会」とは、市場の参加者に対して法の範囲で自由に活動させることを前提とするものだが、こうした転換が進む中で、それまでは文字通り「箸《はし》の上げ下ろし」まで細かくチェック、指導してきた行政も、多くの許認可権を手放すことを余儀なくされ、監視役に徹することを求められるようになったのである。

しかし、規制緩和が急速に進んだために、ルールを軽視、もしくは無視する風潮が見られるようになっていた。「事後チェック型の社会」を標榜《ひょうぼう》しながら、ルールが厳密に適用されない状況が放置されるとすれば、結果として「無法」がまかり通ることになる。

そのことが最も極端な形で表れたのが、新興証券市場だったのである。

急ごしらえで開設された新興市場は上場の審査基準も甘く、多くの怪しげな勢力がそこにつけ込んで群がってきた。マザーズの上場第一号が「リキッドオーディオ・ジャパン」だったことはすでに述べたが、その第一号からして暴力団のフロント企業と密接な関係を持っていたことが、まさに新興市場の有り様を象徴していたといえるだろう。

しかも、マザーズ、ヘラクレス（〇二年にナスダック・ジャパンから改称）、セントレックス、Ｑ－Ｂｏａｒｄ、アンビシャスなど新興市場が乱立される中で、こうした緩い体質は依然としてさほど改善されていないのが実情だ。

〇八年一月二十五日に金融庁は名古屋証券取引所のベンチャー向け市場、セントレックスに対して上場審査業務に不備があったことを理由に、業務改善命令を出している。個別の企業ではなく、マーケット自体に対してこうした命令が出されるのは、証券関係者にとってはまさに驚天動地の出来事だった。逆に言えば、いまそれだけ新興市場には厳しい目が向けられているということだ。

そもそも、この業務改善命令は証券取引等監視委員会による行政処分勧告を受けてのものだった。監視委員会が問題にしたのは、セントレックスに上場するB社に関する一件だった。

B社はセントレックスに上場した途端、上場時に提出、公表していた利益計画を大きく下方修正したのだ。当然、これを受けてB社の株価は大きく下落することになったが、監視委員会はこれに嚙《か》みついたのである。

こうした行政処分に対して名証サイドは、「ベンチャー企業に関しては、株式上場後にたとえ利益計画に狂いが生じたとしてもそれほど不思議なことではない。従って、そうした状況を受けて株価が上下することも何ら不自然ではない」と全面的に反論している。

しかし、東京証券取引所のある幹部は次のように語る。

「B社に関して言えば、マザーズだったら絶対に上場できない。いろいろと噂《うわさ》のある企業ですからね」

さらに、この幹部は「セントレックスの上場基準が甘いということについては、株式マーケットに関係する者だったら誰でも知っている」と指摘する。

「何でもあり」の新興市場

そして、もっと根源的な問題は上場を目指すベンチャー起業家の意識にあった。「稼ぐが勝ち」とはよく言ったものである。そう言い放った堀江貴文氏は、まさに時代の雰囲気を喝破していたといえるだろう。

地道に会社を成長させるより、手っ取り早く上場を果たして数億円からあわよくば数十億円程度の大金を手に入れ、「勝ち組」となって一生遊んで暮らす。新興市場はそんな若手起業家の刹那《せつな》的な夢を実現させるツールと化した。そして、上場を果たした後には、ビジネスの実態もなく、抜け殻のようになった企業を使って、怪しげな連中がさらなる金儲《かねもう》けを企《たくら》む。しかも、彼らの背後には闇《やみ》勢力の姿が見え隠れしていた。

株式交換、M&A、株式分割、増資、新株発行……。上場企業であることを最大限に活用して新興市場から資金を引き出す手練手管は、これまで述べてきた通りだ。

とにかく、少しでも早く上場を果たしたい。そのためにはまさに手段を選ばない起業家が、少なからず存在していたことは事実だ。特にベンチャー企業の魅力というのは、将来性と成長力に凝縮されているといっても過言ではない。言い換えれば、高成長を装《よそお》うことが出来れば手っ取り早く上場を果たせるし、上場後も市場を通じてふんだんに資金が手に入る。

そこで使われるポピュラーな手口として知られているのは、「循環取引」である。これは実際には商品は動いていないのに、複数の関連会社の間で伝票のやりとりだけで、商品の転売が繰り返されるというものだ。代金の受け渡しはあっても、商品やサービスは本当にそれを使う消費者へは届かず、本来の意味の売り上げは発生しない。にもかかわらず、見かけ上の売り上げを伸ばすと同時に、利益を水増しすることも出来る。

〇七年に冷凍うどんで知られる東証一部上場の食品大手「加ト吉」で循環取引が発覚した。このケースでは商品である冷凍うどんは倉庫にしまわれたままで、取引の度にラベルだけが貼《は》り替えられていた。加ト吉はこうした方法により、〇七年三月期までの六年間に約一〇〇〇億円もの売り上げを水増ししていたという。

加ト吉は、相手企業の資金繰り支援だったとしているが、循環取引は加ト吉自体にも大いに〝メリット〟があったと見られる。一般に、上場企業がこうした行為を行なう理由としては、業績好調を装うことで株価を維持できる、金融機関からの支援を受けやすくなる、新株発行による増資がやりやすくなるなどが挙げられるが、いずれにせよ、背景には加ト吉の売上げ至上主義があったことは間違いない。

結局、有価証券報告書への虚偽記載を禁止した金融商品取引法違反の疑いをかけられた責任を取って、社長をはじめ創業者一族は経営から退いた。その後、会社はＪＴの一〇〇％子会社となり、上場は廃止された。

一部上場企業ですらこの有様だから、ましてや、新興市場ではこうした違法・脱法行為は文字通りやり放題となっているのが実情だ。まさに、無法地帯と化している。有価証券報告書の偽造など、決して珍しい話ではない。

例えば、当初黒字だった業績予想が決算発表で突然大赤字になるなどというのは序の口で、株式公開直後に業績を下方修正するというまるで詐欺《さぎ》のような新規上場企業もあった。こうした例はほとんど確信犯だと見て間違いないだろう。また、非上場企業が規模の大きな上場企業を買収し労せずして上場を果たす「裏口上場」も珍しくない。その他、増資や新株発行、株式分割などを活用した様々な手口は、すでに述べてきた通りだ。

まさに、何でもありの新興市場の中でも特に異彩を放っていたのが「アドテックス」だ。大証ヘラクレスに上場するコンピュータ周辺機器製造のベンチャー企業だったが、なんと、元山口組系暴力団組長だった人物が副社長を務めていたのである。

そもそも、IBMのコンピュータ外部記憶装置部門が分離独立して九三年に設立された同社は〇一年に上場を果たすのだが、すでにそれ以前から業績が悪化し、グループ企業との架空取引で粉飾決算を繰り返し、何とか体裁を保っていた。

そこに目をつけ乗り込んできたのが、前述した元暴力団組長だった。この元組長のパートナーとして登場するのが、有名プロレス雑誌を出版する出版社の社長だ。〇六年三月にこの出版社社長をアドテックス社に送り込んで社長を兼務させた元組長は、自分も副社長に就任。そして、すでに経営が立ち行かなくなっていた同社をしゃぶり尽くそうと動き始める。

まず、過去の粉飾決算の件で脅迫し同社の創業社長の財産を奪い取る。さらに、同年四月にアドテックス社が民事再生法の適用を申請した後に、元組長が社長を務めるソフトウェア会社の業務管理ソフトを六三〇〇万円で同社に購入させたが、このソフトは実際には二〇〇〇万円程度のものだったと見られる。

当時すでに民事再生手続きが開始されていたにもかかわらず、不必要と思われるソフトを不当に高い値段で購入したことは債権者の利益に反する行為だったとして、〇七年二月にこの元暴力団組長と元出版社社長は民事再生法違反で警視庁に逮捕された。

上場基準などの緩さを最大限に〝活用〟して株式公開を果たしたベンチャー企業が、闇勢力につけ込まれ蚕食されて消えていったというのが事件の顚末《てんまつ》だが、新興市場の闇ともいうべきネガティブな要素が数多く含まれていたという点で、この手の暴力団が絡《から》んだケースのまさに典型例だと言えよう。


この元組長と元出版社社長は二人でタッグを組んで、アドテックス事件と同じ〇六年にインターネット上の同窓会サイトを運営する長崎市のベンチャー企業「ゆびとま」を乗っ取っている。元組長は三百五十万人もの会員を有するこの企業を、別の携帯電話コンテンツ企業に高値で売却しようと画策していたという。

このケースの発端は、同社の創業社長が選挙資金を得るために増資先を探していたことだった。暴力団はもともと、金融、バクチ、売春が三大ビジネスだから、金融の部分から食い込んでいくケースが多い。その際にも間に金融ブローカーを挟んで資金を提供するとか、人間を複数介在させたり投資事業組合をかませるなどして、形跡が残らないようにする。

こうして次第にがんじがらめにしていって、まず、前述した元出版社社長のようなビジネス界で一定の信用のある人物を送り込んで、経営権を押さえる。その後に本体として元組長のようなより直接的に闇勢力と関わりがある人物が乗り込んでくる。

こうして、会社を乗っ取ったら、後はどうやって食い物にしていくかが課題となる。手形を乱発して換金するというようなやり方は、不自然で足が付きやすい。それよりも最近では狙《ねら》いを付けた企業のバランスシートをよく見て、株式公開時に上場益として入ってきた資産の部分に積み上がっているキャッシュに狙いを付けるケースが多い。

これもいっぺんに内部留保を持ち出すと問題になるので、コンサルタント料やコンピュータソフトをリースしたなどの名目でカネを抜いていく。どちらも形に見えるものでないから、高額なリース契約を結んでも発覚しにくいというメリットがある。さらに、複数の関係企業を絡ませて循環取引にすれば、外見上は売り上げが増えていって業績好調を演出できるから株価も上がって、まさに二度おいしいという状況となる。

マチ金から資金調達をして、その手形が暴力団に流れてしまったために闇勢力に完全に乗っ取られてしまったのが、大証ヘラクレスに上場するシステムソリューション会社の「プライムシステム」（現サンライズ・テクノロジー）だ。

その後、同社は経営の混乱が続く中で〝下方修正条項〟が付いたMSCBを十数回も乱発。そのお陰で発行済み株数が膨張し、株価は一円にまで落ちた。この背景には、前述したMSCBを使った錬金術があったことは言うまでもない。上場企業を自由に動かす形で、闇勢力が市場から資金を略奪したというわけだ。

それ以上に問題なのは、実はこのプライムシステムという会社が東証のコンピュータ子会社「TCS」を買収していたことだ。そもそも同社がマチ金から借り入れた六〇億円ともいわれる資金はこの買収のためのものだったのである。こうなると、まさに、市場システム、さらには市場の主宰者を巻き込んだスキャンダルだといっても過言ではない、というのが筆者の認識だ。

乗っ取りばかりではない。闇社会においては自前でベンチャー企業を育成しようとする動きも目立つ。単にフロント企業として金を稼がせるだけではなく、最終目標はもちろん上場だ。

そのために、企業の設立時に出資する段階から、名義貸しなどにより本当のオーナーである闇勢力の名前が株主構成に出ないように工夫するなど、相当システマティックなノウハウが用意されている。さらに、暴力装置という後ろ盾や循環取引による粉飾決算などイリーガルな方法を最初から厭《いと》わないということを考えれば、普通の投資よりかなり確実にリターンを期待できると言えるだろう。

例えばこんなケースがあった。筆者の知人のあるコンサルタントが、関東一円で健康器具を販売するチェーン店の経営戦略を相談された。一年ほど経営面のアドバイスを続けていると、今後は新興市場へ上場したいので協力して欲しいということになった。

そのチェーンは直営店も多く、売り上げも順調に伸びているので上場しても問題ないだろうと考え、知り合いの会計事務所を紹介しようという時になって、彼はふとしたきっかけから、実はそのチェーン店の本当のオーナーが、株主構成などにはまったく名前が出てこない、ある広域暴力団の幹部であることを知ってしまったのだった。

もちろん、そんな企業の上場にかかわるわけにはいかない。彼は一計を案じて、その会社の表向きの経営陣に対して、「健康関連グッズの市場が飽和状態だ」「新興市場の低迷が続いている」「世界の経済情勢の先行きが不透明だ」などと、思いつく限りのネガティブなファクターを並べ上げて、上場を思いとどまらせたのだった。

このケースは未遂に終わったものの、逆に考えれば、新興市場には人知れずたくさんの暴力団系の企業が上場している可能性を示す、いい証拠となるのではないだろうか。

いまも生きる「シマ」の論理

ざっと、述べただけでも新興市場のメチャクチャぶりが伝わったと思う。しかし、考えてみればついこの間、バブルの前後までは既存の証券市場にも似たような状況があったのかも知れない。

かつて東京の、いや日本の証券市場の中心地である兜町は「シマ」と呼ばれていたことはご存知だろうか。今は首都高速で覆《おお》われてだいぶ様子も変わってはいるが、かつての兜町は川や水路に囲まれて、橋を渡らなければ入って来られない、いわば一般世間とは隔絶された場所だった。

当然、そこでのルールも世間とは異なる。シマはまさに鉄火場であり、そこには正義など存在しない。勝つことがすべてであり、負ければ負けたヤツが悪い。そういう弱肉強食の論理がシマを支配し、プレイヤーは皆勝つためには手段を選ばなかった。

しかし、そういう雰囲気が明らかに変わったのは、東急電鉄の株が指定暴力団稲川会の石井進会長（当時）に買い占められるという一件があってからだ。

一九八九年四月から秋にかけて石井会長は東急電鉄株を購入。野村證券《しょうけん》は同年秋以降、東急電鉄株を奨励し、全国の支店窓口などで積極的な販売を展開したために同社株は暴騰《ぼうとう》する。もっとも、なぜか石井会長はこの高値で東急電鉄株を売り抜かず、結局、損失が膨らむ結果となってしまうのだが、その真意はともかくとして、株式市場を舞台としたこうした不明朗な動きは、大口顧客への損失補塡《ほてん》とともに証券スキャンダルとなって野村證券を襲い、当時の経営陣が引責辞任を余儀なくされる。

証券業界を主導してきた野村がやられたことで、兜町の雰囲気も一変する。その後、九七年の第二次証券スキャンダルを経て、暴力団はもちろんのこと、総会屋や仕手筋などとの決別も進んでいったのだった。

ところが、二〇〇〇年前後に新興市場が相次いで、しかも見切り発車的に慌《あわ》ただしく開設されたことは、闇勢力に再び証券業界で生きていく活路を与えてしまう結果となった。

そして、前述した通り、ベンチャー起業家のモラルの低さがこの傾向に拍車をかけた。ネットバブル当時、時代のトップを走る経営者といわれたホリエモンこと堀江貴文氏にしても、そのメンタリティはかつてのシマの住人たちと共通するものがあった。

実は筆者は、ある時彼の意外な一面を見つけて、驚かされたことがある。それはまだ、彼が「時代の寵児《ちょうじ》」などともて囃《はや》されていた頃の話だ。筆者は偶然に知り合いの投資会社の社長から、堀江氏が個人マネーとおぼしき資金を、ある会社に投資していたことを知らされたのである。

もちろん、堀江氏ほどの資産家が自らの資金を運用していることは、別に特筆すべきことでもない。問題はその投資先だった。

投資会社社長によれば、堀江氏は〇五年秋頃に「シルバー精工」と「南野建設」の二社のMSCB引受や第三者割当増資に投資したというのだ。

南野建設については本章の冒頭で説明したとおり、「最後の大物仕手筋」と呼ばれた西田晴夫がかかわる、いわゆる「N氏銘柄」として知られている。のみならず、同社は執行役員夫婦がインサイダー取引で摘発され有罪が確定したり、元会長も国税徴収法違反で在宅起訴されるなど、いわくつきの会社だ。

もう一つのシルバー精工は、家庭用編み機会社から発展し、浄水器や空気清浄機、シュレッダーなどのOA機器を製造する東証一部上場の中堅企業だが、こちらも兜町では「仕手銘柄」として有名だった。

どちらの会社も、とても有名企業の経営者がかかわるような投資案件ではない。特にオールドタイプというべき仕手筋の西田氏と堀江氏が、南野建設という「仕手銘柄」を通じて点と線で結ばれることに、当時はある種新鮮な驚きを覚えるとともに、そういう案件に平気でかかわるところに、堀江氏という人物の危うさを今更ながらに感じたものだった。

考えてみれば、いくら堀江氏とはいっても、株式市場を介した金儲《かねもう》けのネタをそう易々《やすやす》と考え出せるわけではない。ライブドアが繰り返してきたＩＴベンチャー企業をダシにした金儲けも泥臭い仕手戦による旧態依然とした金儲けも、金儲けには変わらない。まさに、「稼ぐが勝ち」を地でいった話なのかもしれない。

ルールを守らない投資家やモラルのない経営者を摘発・排除し、新興市場の秩序と信用を再生するために、金融当局も本腰を入れ始めている。前述した名証セントレックスに対する業務改善命令などもその一環だと見て間違いない。

一方でジャスダックに関しても大証への売却話が進められている。大証ではジャスダックとヘラクレスの合併を目論《もくろ》んでいるが、この背景にも金融庁ばかりではなく警察の強い意向があるといわれている。ジャスダックの株はそもそも日本証券業協会がその七割を所有しているのだが、そもそも協会は規制団体だからマーケットを持っていると利益相反になってしまう。当局はそれを問題視し、透明性を求めているものだと見られている。

（※大証は二〇〇八年十一月から十二月にかけてジャスダックの公開買い付けを実施。日本証券業協会などが買い付けに応じたことで、ジャスダックの株式の七割以上を保有することとなった。さらに一〇年四月一日、すでに子会社となっていたジャスダックを吸収合併、十月にはヘラクレスと統合する予定だ）

また、「行政改革」の号令の下で行政組織の減量・効率化が進められる中で、金融庁や証券取引等監視委員会などは増員されていることにも、この問題に対する行政の真剣さがあらわれているといえるだろう。

〇六年には証券取引法が金融商品取引法に改正され、同法は〇七年九月三十日に施行された。そこにも事後規制の原則は守りつつも、市場の監視を強化していくために、金融当局の権限を強化する意図があった。

さらに、警察・検察など司法当局と金融当局の連携もより綿密となっているが、そこには新興市場をはじめとする株式市場が、暴力団などの闇《やみ》勢力の資金源となっていることに対する、国家レベルの危機感が反映されていることは間違いないのである。

第四章

巨大銀行を狙《ねら》う闇《やみ》勢力

魑魅魍魎《ちみもうりょう》の中心に記されたメガバンク

筆者の手元に「証券業界魑魅魍魎マップ2008」と題された、一枚のチャート図がある。製作者や出所などは一切不明だが、ここ数年証券業界を騒がせた経済事件、事件性のありそうな経営破綻《はたん》やM&A（企業の合併・買収）を、株取引や増資・融資などを手がかりにして芋づる式に結び、人間関係や資本関係を相関図にしたものだ。

そこには乗っ取りや仕手の対象となった数々の企業に混じって、一部上場の大手企業や有名ベンチャー企業、IT長者、政治家、外資系の金融マン、証券会社、会計事務所、さらには、本書第三章に登場した西田晴夫氏や豊臣春國氏のように「暴力団の共生者」と目される仕手筋、事件屋などの名前が細かく書き込まれている。そして、これら共生者を通じてチャートは闇《やみ》勢力へと伸びていくのである。

この図表を見たメガバンクの幹部は、こんな感想を述べた。

「ハッキリ言って、この手の図表は金融業界ではよく流されてくるので、そう珍しいものではないのですが、今回特に目を引いたのは、チャートの中心にメガバンクの一つであるみずほ銀行の名前があることです」

確かに、チャートの中心部分にはみずほ銀行の名前と共に、同行の執行役員を務める渋谷支店のY支店長（当時）や本店審査部監査役（同）の実名が記されている。

さらに、Y支店長と太い線で結ばれている東証二部上場企業、森電機の小川浩平《こうへい》社長は、外資系証券会社出身。Y支店長と小川社長は有名私立大学のラグビー部人脈だという。

森電機は防衛省向けの特殊照明器具に特色を持つものの、長年赤字が続いており、長らく仕手銘柄として知られてきた企業だ。

同社は八〇年代には、バブル時代にイ・アイ・イグループを率いて「アジアのリゾート王」と呼ばれた高橋治則《はるのり》氏の傘下《さんか》に置かれていた。また、その後一時、前述した関西の大物仕手筋、西田晴夫氏関連銘柄といわれていた時期もあった。まさに、経済界の闇紳士たちが入れ替わり立ち替わり乗り込んできては、いいように弄《もてあそ》ばれてきたといっても過言ではない。

現在の小川社長は、事業投資分野に進出することで収益源の確保を模索しているとのことだが、その一環として同社が仕掛けたのがジャスダック上場のディーワンダーランド、東証一部上場の橋梁《きょうりょう》メーカー・サクラダが組んだ大黒屋買収だった。ただし、〇六年三月に行なわれたこのM&Aには不可解な点が多かった。

中古ブランド品の買取・販売および質屋業を主な事業とする大黒屋は、東京、大阪を中心に十数店舗を展開。〇七年九月期には約一一〇億円を売り上げ、営業利益は約一九億円の優良企業である。

これに対し、買収する側のディーワンダーランドは、売り上げわずか数億円の赤字会社だった。さらに、ファンドを絡《から》める形でこれに相乗りしたサクラダと森電機も赤字会社なのである。

「小が大を食う」といえば聞こえが良いが、その実態は優良会社との合併を利用して株価の吊《つ》り上げを狙《ねら》ったものではないかという疑いも根強かった。

そして、小川社長によって描かれたこのスキームに一一〇億円もの資金を融資したのが、みずほ銀行のY支店長だったのだ。

「どう考えても、大手銀行がかかわるような融資案件ではありません」（前出のメガバンク幹部）

みずほ銀行としては、単に融資に応じているだけのつもりなのかも知れないが、市場を利用した怪しげな錬金術とも取られかねないような行為に資金を提供するというのは、明らかに大手銀行のやることではない。そして、それを許す同行の審査体制にも大いに問題があると言わざるを得ない。

しかも、みずほ銀行と小川社長の不透明な関係はこれにとどまらず、東証二部上場の家電量販店セキドに対するM&Aの裏でも、両者が暗躍していたといわれている。

メーンバンクが買収資金を提供するという異常事態も

また、Y支店長について注目すべきは、靴販売のチェーンで知られるABCマート会長だった三木正浩《まさひろ》氏が経営する企業に対して、二六五億円もの巨額融資を行なったことだ。この資金は、三木氏によるTBS株の大量取得に使われた。

「この時、みずほ銀行は三木会長がそもそも所有していたTBS株やABCマート株を担保にとって融資をしたということですが、こういう形で大手銀行が買収資金を提供するというのは、まさにバブル期さながらのビジネスです」（前出同）

ここで、TBS株をめぐる一連の動きについて、簡単に説明しておこう。

ことの発端は、二〇〇五年三月に村上世彰《よしあき》氏が率いる村上ファンドによるTBS株の大量保有が明らかになったことだった。この年の夏に楽天がTBS株の大量購入を開始、経営への参加を目指す楽天とそれを阻止しようとするTBSの攻防が水面下で始まっていた。

十月には一九％強まで株を買い増した楽天がTBSに対して経営統合案を提示、両社のつばぜり合いはいよいよ表面化したのだった。この時、楽天の三木谷浩史《みきたにひろし》社長は「無一文になってもやる」と意気込んで見せたものの、翌十一月になるとみずほコーポレート銀行の斎藤宏《ひろし》頭取の説得に応じ、TBSと楽天の間で休戦協定が成立、資本業務提携の協議が始まった。

ところが、この資本業務協定の素案がようやくまとまった直後の〇六年秋以降、ABCマートの三木会長によるTBS株大量取得が本格化する。そして前述した通り、この買収資金を融資したのがみずほ銀行渋谷支店だったのである。

この融資には大きな問題があったと言わざるを得ない。なぜなら、当時、TBSのメーンバンクを務めていたのは同じみずほフィナンシャルグループのみずほコーポレート銀行だったからだ。

「同じグループのみずほ銀行が、乗っ取りと誤解されかねないような株式の大量取得に巨額の資金を融資するというのは、銀行業界のこれまでの常識では考えられません」（前出のメガバンク幹部）

そして、三木氏が融資の担保の一部としたＴＢＳ株は、村上ファンドが保有していたものだったといわれている。そもそも、村上ファンドで巨額の資金を運用していた三木氏は、村上世彰氏の逮捕により解散に追い込まれた同ファンドからキャッシュを受け取る代わりに大量のＴＢＳ株を譲渡されたのだが、それを活用する方法として同社株の買い増しに乗り出したというのが真相だったようだ。

その後、三木氏は九・九一％まで株を買い進めた。一九・八六％を保有する楽天の三木谷氏との連合が成立すれば、再びＴＢＳの経営を揺るがしかねない事態に発展する可能性もあった。しかし、結局、〇七年六月の株主総会を前に三木氏は保有するＴＢＳ株の過半を売却し、一〇〇億円規模の利益を得たと見られる。

その後、九月には三木氏はＡＢＣマートの会長も突然、辞任した。結局、なぜ、土《ど》壇場《たんば》で三木氏はＴＢＳ株を手放したのか。なぜ、突然、会長職を辞任したのか、株を巡って楽天、ＴＢＳとどんな話し合いがあったのかなどについては謎《なぞ》のままとなった。

それはともかくとして、この一件はＴＢＳのみずほグループに対する信頼を地に落としたばかりではなく、銀行業界や金融当局からも顧客間の利益相反になりかねない融資を問題視する声があがった。

しかも、三木氏に対する融資においてみずほ銀行は、担保に取った株の時価総額の八割に相当する資金を提供したといわれている。

「バブル時代ですら、株担保による融資は時価の六割程度が上限だったことを考えれば、どう見ても異常な融資です」（前出のメガバンク幹部）

こうした評判をみずほサイドが気にしたのか、執行役員だったY氏は〇八年四月一日付の人事で、日清食品の執行役員財務部長に転出することになった。

「明らかな左遷《させん》かどうかはともかく、Y支店長を隠したということでしょうね」（みずほフィナンシャルグループ関係者）

それにしても不可解なのは、筆者にはどうしても一連の融資はY氏が主導して行なったとは思えないのである。実は筆者は三行合併によりみずほが誕生する以前、富士銀行時代からY氏と面識があって、その人となりはある程度把握していた。

そもそも、Y氏はどちらかと言えば上を見て仕事をするタイプで、あえて自ら火中の栗《くり》を拾うようなことをするようには見えなかった。もっと言えば、積極的にリスクを取ることをしない小心者というのが、正直な印象だ。

そして富士銀行時代、Y氏の直属の上司だったのが、みずほフィナンシャルグループの社長を務めた前田晃伸《てるのぶ》氏だった。ちなみに、前田氏は七年以上もみずほグループのトップの座に君臨し続けた、同グループきっての実力者だった。
「Y氏は、長年にわたって前田社長の腹心の部下だったといわれています」（前出のみずほ関係者）
そんな人物がなぜ暴走とも思えるような融資に手を染めたのだろうか。

みずほで続発する問題融資

実はみずほ銀行の問題融資はこれだけではない。渋谷支店とは別の支店の扱いだが、労働者派遣法違反で行政処分を受けたグッドウィル・グループに対して、何と一〇〇〇億円もの融資を行なっていたのである。

人材派遣大手のグッドウィルでは、訪問介護事業を行なっていた子会社のコムスンも事業所指定の虚偽申請により行政処分を受けたことで、グループ全体の経営が一挙に悪化。その責任を取る形で、折口雅博《まさひろ》会長と川上真一郎社長は〇八年三月に辞任を余儀なくされている。さらに、同社の債権は外資系金融機関に売却され、その主導の下で経営再建が図られることとなった。

そもそも、グッドウィルやコムスンに関しては、以前から法令違反が常態化しているとか多額の使途不明金があるという悪い噂《うわさ》がまことしやかに囁《ささや》かれており、特にコムスンに対しては「福祉を食い物にしている」との痛烈な批判まで聞かれた。にもかかわらず、なぜ、みずほ銀行のような大手銀行がそんな企業のメーンバンクを務めているのかと、疑問視する声も少なくなかった。

また、第二章で取り上げたスルガコーポレーションのメーンバンクを務めていたのもみずほ銀行だった。しかも、スルガ社が山口組系暴力団の企業舎弟といわれる光誉実業を使って地上げをし、事件化した秀和紀尾井町TBRビルの購入資金は、みずほ銀行から融資されたものだったのである。さらに不可解なのは、この時はシンジケートローンという形が取られたために、無担保で数百億円の資金が提供されたということだ。

「シンジケートローンの体裁を取ることで、権利関係を分かりにくくすることができるのです。通常の営業融資では何か審査上、不都合なことがあったのかも知れませんね」(前出のメガバンク幹部)

なお、一連の問題融資についてみずほサイドに問い合わせたが、広報担当者は「個別の取引に関しては答えられない」と述べるばかりだった。

それにしても、なぜ、みずほ銀行にこうした問題企業や問題案件への融資が集中しているのだろうか。

実はそこには、第一勧業銀行、富士銀行、日本興業銀行という三つの銀行を合併した上で、それをリテール（中小企業・個人）のみずほ銀行とホールセール（大企業）のみずほコーポレート銀行に再分割した、みずほフィナンシャルグループ独特の弊害が反映されている。

そもそも、興銀のビジネスはほとんど大手企業相手のものだったので、そのままコーポレートへとスライドすることになったが、同時に第一勧銀と富士の抱えていた大手法人顧客もコーポレートに委譲された。そして、みずほ銀行自体は中堅中小企業と個人を中心とした小口顧客を相手にビジネスを展開することになったのである。

これにより、大口法人顧客が増えたコーポレートは順風満帆に再スタートを切った一方で、みずほ銀行は発足当初から大きな矛盾を抱えることになった。

そもそも、三行合併の大きな目的の一つは、リストラによって経費を削減し、不良債権処理で傷《いた》んだ経営を再建することにあった。実際、三行合計で約七〇〇店舗あった支店は、合併後には四〇〇店舗に減っている。

しかし、そもそも店舗数が少なかった興銀を引き継いだコーポレートはともかく、リテール中心のみずほ銀行にとっては、店舗数の大幅な削減は大きな痛手となった。なぜなら、リストラによる支店ネットワークの弱体化で、リテールの生命線とも言えるきめ細かな営業ができなくなったからだ。

ここ数年みずほ銀行は、預金者に対してマイレージポイント制を導入したり、クレジットカード機能を付けたキャッシュカードを薦めるキャンペーンを展開するなど、積極的に個人顧客を囲い込んでいる。しかし、「こうした営業努力が大きな収益となるには、もう少し時間がかかりそうです」（みずほ銀行幹部）という。

さらに、中堅中小企業とのビジネスでは、前述した通り大きなハンディを背負っている状態だ。

「結局、ベンチャーなど新興企業や急に業績を伸ばしてきた企業が営業のターゲットとなった」（前出のみずほフィナンシャルグループ関係者）

みずほ銀行がグッドウィルやスルガ社のメーンバンクとなった背景にはこうした事情があったと見られる。さらに、不良債権問題も一段落して以降、銀行の収益力が重視される中で、数百億円単位の大口融資となれば、喉《のど》から手が出るほど欲しかったに違いない。

森電機の小川社長絡みの案件やＡＢＣマートの三木会長（当時）への巨額融資について は、その額から言って支店長が独断で決めたなどということは、まずありえない。

「支店長が独自に決裁できる額というのは、せいぜい数億円程度に過ぎません。数百億円単位の融資ですから、当然、常務会にかけられます。もちろん、頭取も承知している」（前出のみずほ銀行幹部）

さらに言えば、特に三木会長への巨額融資に関してはコーポレートがメーンバンクを務めるＴＢＳにかかわる話なので、みずほ銀行だけの勝手な判断で融資に踏み切ることはできない。当然、コーポレートの斎藤宏頭取、さらにはみずほフィナンシャルグループの前田社長も知らなかったとは思えない。

先ほどとは別のみずほ銀行幹部は、同行の内部事情を次のように語る。

「何でこんな融資をしたのかと行内でも疑問視する声は強かった。しかし、上層部としてはどうしても三木会長とのパイプを太くしたかったようです。ＡＢＣマートは成長著しい企業だったが、それまでは三木会長とは預金の関係しかなかった。そこに、巨額の融資の話が降ってわいたわけですから、迷わずそれに乗ったということです」

また、スルガ社への融資に関してもみずほ銀行は、「そもそも、スルガと光誉実業のような反社会的勢力との関係をすべて知った上で融資をしていたと聞いています」

「一兆円増資」のツケ

果たしてこういった怪しげな融資の実態を、グループトップの前田社長はどの程度把握していたのだろうか。筆者がこれまで何度か前田社長を取材して直《じか》に話した経験、さらに、周辺から伝わってくる同社長の異様に細かい性格から考えて、これらの件がまったく前田社長の知らないまま行なわれたとは到底思えない、というのが正直な見解だ。

実際、〇七年秋から〇八年初めにかけてみずほ銀行に対して行なわれた金融庁検査では、この間の融資がかなり問題視されたという。

こう見ていくと、なにやらバブル期の銀行経営が復活しているような観すらある。たとえば、八〇年代後半の住友銀行では当時の磯田《いそだ》一郎頭取の「向こう傷を恐れるな」との号令の下、主に頭取直属の支店長クラスが積極的な融資を展開し業績を大幅に伸ばしてきた。そして、地上げをはじめとする怪しげなビジネスに貸し付けられたそれらの資金が、バブルを膨らませていったのと同時に、バブル崩壊後にはそれがごっそりと焦《こ》げ付き、不良債権となり長年にわたって銀行経営を苦しめ、同時に「失われた十年」と呼ばれた日本経済の長期的な低迷を演出したということは、読者の方も良くご記憶だと思う。

もっとも、みずほフィナンシャルグループに関しては、磯田時代の住友銀行のような勇ましい〝快進撃〟ではないようだ。みずほには、どうしても形振《なりふ》り構わず利益をあげなければならない理由があった。

それは、同グループが〇三年に行なった、いわゆる「一兆円増資」で発行した優先株が〇八年七月から普通株へと転換できるようになるからだ。

この「一兆円増資」の経緯については拙著『巨大銀行沈没』（新潮文庫）に詳細に記したのでそちらを読んでいただければと思うが、簡単に説明しておくと、〇二年四月に三行合併が実現した直後、システム統合の失敗によるＡＴＭの麻痺《まひ》、さらには時の小泉政権が不良債権処理の加速を最優先課題として掲げる中で、それまで続けてきた不良債権処理の先送りがままならなくなったみずほは、〇三年三月期の決算において総額二兆円もの赤字に陥ってしまう。

「一兆円増資」はこうした事態を打開するために実施されたもので、それを原資に不良債権処理を進めた結果、一〇万円を割り込むまで落ち込んでいたみずほの株価は、〇六年四月には一〇〇万円を超えるまでにＶ字回復を果たした。しかし、その後はまたじわじわと下落していき、サブプライムローン問題による損失が膨らみ、〇八年三月期決算見通しが下方修正された中で、〇八年三月には株価は一時三〇万円台にまで落ち込んだ。

ここで問題なのは、前述した普通株の転換価格は、〇八年四月二十四日から六月九日までの終値の平均で決定されるということだ。つまり、みずほの株価が安ければより多くの普通株を割り当てなければならず、株式の希薄化が発生し株価はさらに下がることになる。

「株価を上げるため、ここ数年、利益の確保はみずほフィナンシャルグループ全体の至上命題だった」(前出同)

特に個人顧客の囲い込みなど、新たな収益源がまだ収穫期に入っていないみずほ銀行にとって、利益の確保は至難の業だった。そんな中で巨額の融資を持ちかけられれば、多少怪しげではあっても、まさに背に腹は換えられないという状況があったに違いない。

そして、同時にそれは闇《やみ》勢力にとっても大きな狙《ねら》い目になっていたのである。

「Vシネマ」さながらの詐欺《さぎ》事件も

二〇〇七年秋、岡山市の紙製品卸会社「伊豫《いよ》商事」とそのグループ企業による巨額詐欺事件が発覚した。

そもそも、全国農業協同組合連合会（全農）にティッシュペーパーやミネラルウォーターなどを卸す中小企業に過ぎなかった伊豫商事が、ゴルフ場やホテルを買収するなど多角化に乗り出したのは〇一年頃のことだった。これらの新規事業は今回の詐欺事件で逮捕された同社専務の大島敏昭被告と同社役員でグループ会社「大喜」社長の西田嘉幸被告らの主導により進められたが、経営はうまく行かず、金融機関からの借金が膨れ上がっていくばかりだった。結局、〇七年八月末の段階で同社グループの負債は五四七億円にも達した。

しかも、大島被告と西田被告はこれらの融資を受ける際に、偽造した納税証明書や決算書、偽《にせ》の印鑑などを使用して金融機関を騙《だま》していた。

極めつけは、〇五年夏にある銀行に五〇億円の融資を申し込んだ際に、銀行の担当者を全農の一部セクションが入る東京大手町のビル内の貸し会議室に呼び出して、全農の役員と称する人物に会わせているのだが、これが大島、西田両被告が仕込んだ真っ赤な偽者だったのだ。さらに、貸し会議室のままだと不審に思われるので、事前に応接セットを持ち込むなどして巧妙に舞台を整えていた。

偽の全農役員が「全農が伊豫商事の借入金を債務保証する」と太鼓判を押したこともあって、この融資はまとまったのだという。それにしても、こんな「Vシネマ」さながらの手口にも驚かされるが、それにいとも簡単に引っかかって巨額の資金を融資してしまうところに、昨今の銀行員のレベルが低下していることを実感させられる。

被告らはこの他にも、全農の代表理事長名の債務保証書や議事録までも偽造し、伊豫商事のビジネスのバックには全農という巨大組織があると装《よそお》い、次々と融資を獲得していった。

その巨額の資金は、前述したゴルフ場やホテルへの投資の他にも、ミネラルウォーター製造事業や映画製作などのビジネスに注ぎ込まれた。

さらに、大島、西田両被告による数十億円単位の資金の私的な流用も指摘されている。西田被告は俳優やプロスポーツ選手らと派手に遊び回る一方で、株式の投資にのめり込んでいった。また、西田被告は複数の宗教団体に多額の寄付をしていたというが、これに関しては資金隠しではないかという疑いも浮上している。

しかし、こうした使途や金融機関に支払われた利子などを合計していっても、負債総額の五四七億円には到底及ばない。結局、資金の大半がどうなったのかは依然として不明のままである。

そんな中で気になる情報も囁《ささや》かれている。地元マスコミ関係者によれば、伊豫商事とその企業グループに対する巨額融資の一部が闇社会に流れたというのだ。

この点に関しては捜査関係者も「重大な関心を持っている」（検察庁幹部）という。

そして、実はこの伊豫商事とそのグループ企業に対して二六五億円と最も多額の融資をしていたのが、みずほ銀行だったのである。のみならず、同行が幹事となってシンジケートローンが組まれ、トマト銀行（岡山市）、もみじ銀行（広島市）、高知銀行（高知市）、商工中金などがこれに参加。これらの金融機関からの融資も焦げ付いたことで、被害を拡大させてしまうこととなった。

そもそも、シンジケートローンとは幹事行の審査を信用した上で、参加する金融機関はフィー（手数料）を払って融資に相乗りするというものだ。前述した通り伊豫商事とそのグループ企業は、融資の申し込みに際して多くの偽造書類や偽の印鑑などを使っていたことを考えれば、審査でこうした犯罪行為を見抜けなかったみずほ銀行側にも問題があると言っていいだろう。
実際、この融資に参加した一部の金融機関は、みずほ銀行に対して損害賠償を求める動きを見せた。しかし、みずほサイドはシンジケートローンへの参加はあくまで自己責任だとして、この要求を拒否したという。
それにしても問題なのは、実はすでに〇五年頃にはそれまで伊豫商事に融資をしていた多くの金融機関が、同社の経営実態に疑問を持ち融資を引き上げていたにもかかわらず、この時期からみずほ銀行による融資が急激に膨らんでいったことだ。まさに、ババを掴《つか》まされたと言えるだろう。
「実はこの時期、三井住友銀行も伊豫商事に対する融資を増やしており、二つのメガバンクが競い合う形で融資がドンドン膨らんでいったのです」（大手銀行役員）
実際、三井住友銀行の融資も一三四億円に達している。二行合わせて約四〇〇億円。七割以上の融資が引き出された形となっている。
「しかし、実は三井住友は最後の段階で伊豫商事はおかしいと思うようになり、資金回収にはいるよう指示を出していたのです。これに対してみずほ銀行はさらなる融資の拡大を狙っていたそうです」（前出の大手銀行役員）
そのために両者の融資額には、ほぼ倍の開きが出たのだという。さらに、他行を巻き込んだシンジケートローンという尾ヒレがついたことなどを考えれば、事件が与えたダメージはみずほ銀行の方がより深刻だったと言えるだろう。

あるメガバンクの役員はこの件を含めて、最近の融資審査の甘さについて次のように語る。

「そもそも、バブル以前には融資案件の審査はもっとずっと慎重でした。たとえば、その会社が使っている倉庫を見に行って、本当に商品があるのかどうかチェックするなどというのは基本中の基本です。今回もその程度のことはやっていたようですが、以前であれば、さらに、その会社の年商が数十億円というのなら、本当にその通りに品物が毎日出荷されているのかトラックの出入りを何日かかけてチェックしたり、得意先にも出向いて話を聞いたり、とにかく、融資を求めてきた企業が提出してくる書類をそのまま信用するなんてことはありませんでした。自分でウラを取りに歩き回ったものです。

私などが融資の審査を担当していた頃には、融資先の町工場に毎日出かけて行っては、経営者と世間話をするふりをしながら、どんな部品を作っているのか、一時間に何個くらい部品が出来るのか数えたりして、追加融資の可否を判断したものです。また、レジャー関連企業から融資を求められた際には、早朝にその企業が所有するゴルフ場に忍び込んで、林の中からその日一日プレーに来る客の数をチェックしたこともありました。本当に客が返してくれるのかどうか、最後まで疑い続ける。いわば、性悪説に立って審査にあたるのが、銀行融資というものの基本でした。

今回の件では、全農が債務保証するという向こうがお膳立《ぜんだ》てしたウソを簡単に信じ込み、その一点だけを根拠にそれならノーリスクだということで、数百億円もの資金が貸し込まれたといいますが、まったく愚の骨頂です。

だいたい伊豫商事という会社の業務内容を見れば、単価の安いティッシュペーパーを卸す企業がそんなに巨額な資金を必要とするはずないでしょう。審査をするなら、その辺りから疑ってかかるのは当たり前でしょうに……」

このメガバンク役員によれば、融資審査の能力の低下はどの大手銀行でも似たり寄ったりの状況だというが、特にみずほ銀行に関しては質の劣化が顕著なのだという。そこにもやはり、前述したように三行合併後の大胆なリストラの弊害が表れている。みずほ銀行としては、大口融資でしかも、全農のような巨大組織の後ろ盾もあるということで、ホイホイ話に乗っかってしまったのだろう。

そして、この伊豫商事とそのグループ企業に対する融資も百億円単位であった以上、常務会の承認は不可欠だったはずだし、さらに、みずほフィナンシャルグループ首脳陣も関知していたと見て間違いない。

今回の事件は、利益が上がれば少々怪しげな融資にも積極的に乗っかっていくという経営姿勢が生み出したものであり、さらにその資金の一部が使途不明で闇社会に流れた可能性すら取り沙汰《ざた》されていることを考えれば、みずほ経営陣の責任は重いと言わざるを得ない。

メガバンクを手玉にとった元証券マン

一方、不良債権処理が一段落して、ここ数年攻勢に出るようになったメガバンクは、一時社会問題にまでなった貸し渋りから一転して、中小企業への融資を積極的に進めてきたが、それが闇勢力の食い物になるケースが続出している。

その典型例ともいえるのが、二〇〇八年三月に発覚した巨額詐欺事件である。

この事件で最も被害額が多かったのは三井住友銀行だった。同行では二〇〇三年から〇六年にかけての約三年間に、都内の不動産会社から紹介された中小企業約六十社に対して総額一七〇億円もの融資を行なったのだが、うち一〇〇億円以上が焦《こ》げ付き回収不能となった。しかも、この融資に際して中小企業側から提出された書類の大半は偽造されたものだった上に、約二十社は営業実態のないペーパーカンパニーだったのである。

同様の手口により、この不動産会社から融資を紹介された三菱東京ＵＦＪ銀行は〇四年以降、数十社の中小企業に約六〇億円を融資して、うち十数億円が焦げ付いている。同じく、千葉銀行は七億円の被害を受けた。

日本を代表するメガバンク二つに大手地銀。なぜ、複数の銀行がこうも簡単に騙されてしまったのか。事件を詳細に見ていこう。

問題の融資は渋谷区の不動産会社、「コシ・トラスト」の中林明久社長らが紹介したものだった。事件の鍵《かぎ》を握る中林社長は、野村證券から不動産会社へ転職、その後、二〇〇〇年に三十一歳の若さでコシ社を設立し独立を果たした。不動産売買・仲介を主な業務とする同社は、一時は福岡市と船橋市に支店を出すなどかなり羽振りが良かったが、それも表面的なものに過ぎなかったようだ。

三井住友のケースでは、高円寺支店が事件の主な舞台となった。そもそもコシ社と取引関係にあった同支店に、中林社長が他の中小企業への融資案件を紹介したのは〇三年十一月のことだった。これを皮切りに融資が膨らんでいったのだが、コシ社ではこうした紹介融資のかなりの部分を自社の運転資金として流用していたと見られる。

しかも、前述した通りコシ社は〇四年からは三菱東京UFJへも融資先を紹介する一方で、同じ年に大手商工ローン「SFCG」からも資金を借り入れている。三井住友のケース同様に、コシ社は三菱東京UFJから中小企業への紹介融資も自社へ流用していたと見られるが、その上さらに銀行と比べて高利の商工ローンからも借金を重ねているというのは、コシ社の資金繰りがまさに自転車操業状態だったことを如実《にょじつ》に物語っている。

実際、この後数年でSFCGからの融資は、総額で一一〇億円にも達した。

「コシ社はSFCGから借り換える形で、銀行への返済が滞らないように工作しており、そのことが不正の発覚を遅れさせる大きな原因となった」（三井住友銀行幹部）

こうした巧みな偽装工作は、中林社長の主導で行なわれたとみられる。元証券マンの同社長は銀行融資の仕組みを熟知していたようで、そもそも、一連の不正融資が始まったきっかけも、取引実績のある企業からの紹介があれば事業資金などの無担保融資が通りやすいことに目を付けたものだった。まさに、貸し渋り時代からのビジネスの転換を察知して、いち早く狙《ねら》いをつけた詐欺《さぎ》だったというわけだ。

しかも、融資の審査に際しては、中小企業側から好業績を装った決算書や納税証明書、評価額を水増しした不動産鑑定書などが提出されていたが、これらの偽書類はすべて中林社長が用意したものだった。

「中林社長は銀行からカネを引っ張る方法を熟知しており、銀行員を納得させる数字を作るくらいのことは、まさにお手の物だったのではないでしょうか」（前出の三井住友銀行幹部）

みずほ銀行による伊豫商事に対する巨額融資事件同様に、ここでも銀行の審査能力の低下が露呈した形だ。

さらに、事件の経緯を追っていくと、三井住友に関しては前述した通り高円寺支店から融資を引き出したのを皮切りに、その担当者が鶴見《つるみ》支店に異動すると今度は鶴見に紹介融資を持ち込み、また、それとは別に新宿支店の法人営業担当からも融資を受けるなど、すべて、支店レベルの法人営業が狙われている。また、三菱東京ＵＦＪのケースでも詐欺の被害に遭ったのは恵比寿《えびす》支店だった。こうしたことにも、中林社長の巧みな計算があったとみられる。

「コシ社が紹介してくる融資は、ほとんど五〇〇〇万円から二億円程度のものでした。この範囲内だと支店長の権限で融資が決裁でき、本店の審査がいらないのです。しかも、現在のメガバンクはどこも複数の銀行が合併・統合を繰り返してきた経緯があるので、支店間の横の連絡が希薄になっていることもあって、事態の把握に手間取って

しまった」（前出同）

こうして、メガバンクの中枢《ちゅうすう》がようやく異常事態に気がついた頃には、細かな融資が積もり積もって、三井住友で一七〇億円、三菱東京ＵＦＪで六〇億円にも達していたというわけだ。その意味で、今回の事件は融資審査能力の低下という問題を含めて、まさに現在のメガバンクの弱点を突いたものだと言えるだろう。

それ以上に問題なのは、中林社長が闇《やみ》社会の「共生者」である可能性が高いことだ。暴力などの反社会的勢力の周辺に存在して、その非合法ビジネスなどを補佐する共生者については、『警察白書』も表経済を脅《おびや》かす存在だと指摘していることは、これまでも本書で再三述べてきたが、実はコシ社の役員に一時期、暴力団関係者が名前を連ねていたのである。

「不動産業を展開する中で暴力団との関わりができたようだが、さらに詐欺に荷担することで暴力団のシノギを助けていたフシもある」（警察関係者）

中林社長がメガバンクに対して融資を紹介した中小企業の中には、暴力団との関わりが取り沙汰される会社もあったというのだ。

「今回の事件では、銀行からの巨額の融資が反社会勢力に流れた可能性が高い。なぜ、

名だたる大手銀行でここまで緩い融資がまかり通ったのか。われわれはこの点を一番問題視している」（前出の警察関係者）

監督官庁である金融庁からも融資審査の不備を指摘されているが、これに対して銀行サイドはいずれも、結果として審査が甘かったことは認めつつも、「融資の手続き上は問題なかった」と釈明している。最初から詐欺目的でアプローチして来たのだから、防ぐのは難しかったという理屈だ。

しかし、一一〇億円の融資に対して不動産担保を取っていた商工ローンSFCGがほとんど焦げ付きを出していないのに対して、大半が無担保だった大銀行のローンが回収不能となっていることを考えれば、無担保ローンそのもののあり方が疑問視されるのも当然だと言えよう。

三井住友銀行などでは中林社長を告訴するとしているが、すでに銀行の資金回収が本格化した〇七年春の段階でコシ社は破綻《はたん》し、中林社長は行方不明となっている。

さらに、三井住友の高円寺支店で当初コシ社の担当をしていた行員が、中林社長からマンションの賃貸料などを肩代わりしてもらうなど便宜を供与されていた事実も明るみになっており、本当に銀行サイドに重大な落ち度がなかったのかどうか、詳細な検証が必要な状況となっている。

（※コシ社の中林社長は二〇〇九年五月に詐欺容疑で逮捕。その後、九月に同社の担当をしていた三井住友銀行の行員［退職］も逮捕されている。一〇年三月の一審で東京地裁は中林社長に対して懲役四年の判決を言い渡した）

「事業者ローン」の落とし穴

そして、注目すべき点はこの事件が決して特殊な事例ではないとみられることだ。実は現在、中小企業向け融資が銀行業界全体を揺るがしかねない大問題となっているのだ。しかも、その背後に闇勢力の存在が指摘されている。

最大の元凶となっているのは、「事業者ローン」あるいは「ビジネスローン」などの名称で知られる、「スコアリングモデル」を活用した中小企業向けローンである。

スコアリングモデルとは、融資の可否を判断するにあたっての手法を指す。具体的には、過去数年分の財務データなどをベースに融資の対象となる中小企業を点数化し、その点数を審査する際の主要な判断材料とするものだ。

このスコアリングモデルを活用した融資商品を大手銀行が取り扱うようになったのは、二〇〇二年から〇三年にかけてのことだった。その背景には、それまでほとんど未開拓だった年商一〇億円未満の中小企業を顧客として取り込み、収益を上げようという戦略があった。

ただし、こうした中小企業の事業資金は数千万円程度と少額のため、時間とコストをかけて審査をすることが出来ない。そのためにスコアリングモデルを用いて手間を省くと同時に数をこなすことで、収益率のアップを狙ったのである。

その後、スコアリングモデルを活用した事業者ローンは大ブームとなり、特に〇六年から〇七年にかけては大手行のみならず、もともと、中小企業向け融資を手掛けていた地方銀行や信用金庫も大手行への対抗上、貸し出しスタンスを強めていったのである。

「こうして、貸し出し競争が激化した結果、各銀行ともリスクの高い企業にも融資せざるを得ない状況に追い込まれてしまったのです」（メガバンク担当者）

リスクの高い企業に融資をするということは、焦げ付きの発生、すなわちデフォルト率も確実に上昇カーブを描いていくことになる。

しかも、こうした事業者ローンの最大のウリは、無担保・無保証ということだから、スコアリングモデルが的確にワークしなければ、融資した資金は回収不能という事態に陥ってしまう。

「さらに、こうした銀行の動きに目を付けた反社会勢力による詐欺事件が続出するようになったのです。事業者ローンは、暴力団の資金獲得のための有効なツールとなってしまった観すらあると言っていいでしょう」（前出のメガバンク担当者）

この点について、大手行の都内支店の支店長は次のように述べる。

「暴力団のフロント企業など反社会勢力にだまし取られた資金は、メガバンク一行あたり数百億円にも達するといわれています。このことから言っても、事業者ローンのビジネスモデルはすでに崩壊していると言っていいでしょう」

こうした状況を受けて、みずほ銀行とりそな銀行は、早くもこのスコアリングモデルを活用した中小企業向け融資の分野からの撤退を図ろうとしている。そして、その動きはほどなく、銀行業界全体へと波及していくことは確実だ。

ちなみに、前述したコシ社に関連した巨額詐欺事件では、融資の多くは貸し手と借り手により相対で行なわれる一般的な貸し付けの範疇《はんちゅう》のもので、スコアリングモデルを用いた事業者ローンは数割程度に過ぎなかったとみられる。

従って、スコアリングモデルを使う使わないにかかわらず、中小企業に対する融資全体に大きな問題を抱えていると見るべきだろう。やはり、この分野にはきめ細かな営業や審査が不可欠なのだが、支店の統廃合やリストラを大胆に進めてきた現在の大手銀行からは、そうしたノウハウが欠落しているのである。

逆に言えば、スコアリングモデルはそういうノウハウの欠如を補うために導入されたはずだ。しかし、それが見事に裏目に出たというわけだ。

もう一つ、事業者ローンの失敗が浮き彫りにしたのは、銀行業界の相も変わらぬ体質だ。本部から支店に「中小企業向け融資に力を入れろ」、「事業者ローンを売り込め」などと檄《げき》が飛べば、ノルマが割り振られ、行員たちは脇目《わきめ》もふらずその営業に励む。大手銀行が横並びになって同じことをすれば、当然、過当競争が起こり、リスクの高い企業へも融資するようになる、ということはすでに述べた通りだ。

それは、バブル時代に多くの金融機関が土地担保融資に血道をあげていた姿と、何ら変わりはないのではないだろうか。

たとえば、バブル時代に当時の富士銀行には「住活ローン」という融資商品があった。地価の急上昇に目をつけ、住宅ローンの担保余力分を財テク資金として貸し出すという住活ローンは、土地も株も上がり続けなければ成り立たない、まさにバブルの権化《ごんげ》のような商品だった。

富士の本部はこれをパッケージ化し、定型商品として大々的に売り出したのである。

何が何でも売れと発破をかけられた支店の行員たちは、この商品が将来どんな問題を引き起こすか考えることもなく、文字通り〝販売マシーン〟と化して営業にあたった。そして、バブル崩壊となり、トラブルと不良債権の山が残されたのだった。

もちろん、富士ばかりではなく、他の大手銀行も不動産を活用した融資商品を作って売り出した。まさに、横並びの競争が繰り広げられ、バブル崩壊後、各行ともに膨大な不良債権に苦しめられることになった。

それだけ痛手を受けたにもかかわらず、今回の事業者ローン、ビジネスローンを巡っての一連の顛末《てんまつ》を見ると、そうしたバブル時代の経験がまったく活《い》かされていない。まさに、「喉元《のどもと》過ぎれば熱さを忘れる」という銀行業界の体質をまざまざと感じさせられたというのが、筆者の正直な感想である。

「新銀行東京」乱脈融資の真相

さらに、同様の事業者ローンで大手銀行を遥《はる》かに上回るレベルの焦《こ》げ付きを出し、今後の存続すら危ぶまれているのが、東京都内をビジネスエリアとして中小企業向けの融資を主な業務としてきた「新銀行東京」である。しかも、問題なのはこうした焦げ付きのうちかなりの部分が闇社会へと消えたと見られることだ。

二〇〇五年に東京都が一〇〇〇億円を出資して誕生した新銀行東京は、そもそも〇三年に再選を狙っていた石原慎太郎都知事が選挙公約として設立構想を掲げたものだった。

ちょうどこの頃、銀行業界では〇二年秋に当時の竹中平蔵金融担当大臣が示した「金融再生プラン」に尻《しり》を叩《たた》かれる形で、大手銀行の不良債権処理はまさに待ったなしの状況となっていた。当時の金融機関がどのくらい追い込まれていたかといえば、実際に〇四年にはメガバンクの中でも不良債権処理の遅れが目立っていたUFJ銀行が国有化の危機に直面し、結局、三菱東京フィナンシャル・グループとの経営統合を余儀なくされるという事態が起こったほどである。

そんな中で多くの金融機関には、特に中小企業に対する融資を実行する体力がなくなり、「貸し渋り」やさらにはすでに行なわれた融資を無理矢理引き上げる「貸し剝《は》がし」が深刻な社会問題になっていた。

こうした背景の下で、「中小企業救済」を旗印に東京都が出資者となって新たな銀行を設立するという石原都知事の提案は一定以上の支持を集め、知事の再選後にプランは具体的に動き始めることとなる。

2008年3月、新銀行東京への追加出資をめぐって、都議会予算特別委員会は紛糾。議論は未明まで続いた　（写真提供・毎日新聞社）

しかし、新銀行東京にとって最初の不幸は、同行が開業した〇五年四月が、前述した「金融再生プラン」によって大手銀行の不良債権半減の期限とされた〇五年三月と、ほぼ重なっていたことだ。

すなわち、この頃までにはメガバンクをはじめとする多くの銀行の不良債権処理も一段落し、再び中小企業融資を実行する体力が付いてきていたのである。むしろ、攻めの経営に転ずる上で、スコアリングモデルを活用した中小企業融資は新たな収益源として大いに期待されていた。

こうして、新銀行東京は誕生直後のまだよちよち歩きの段階で、いきなり過当競争に巻き込まれることになってしまったのである。

この銀行間の融資競争が多くの焦げ付きを生み出す元凶になってきたことは、すでに繰り返し述べてきた通りだ。特にスコアリングモデルを使い無担保・無保証を謳《うた》った事業者ローンには多くの問題点が指摘され、現在、銀行業界はこぞってビジネスモデル自体を見直し始めている。

そして、この流れの中で最大のダメージを被《こうむ》ったのが新銀行東京だった。発足してからわずか三年で、融資先の企業二三四五社が経営破綻し、不良債権は二八五億円に達した。不良債権比率は実に一二・七％となっており、健全な金融機関の比率が一％から二％だということを考えれば、同行の融資がいかに乱脈なものだったかということが分かるだろう。

累積《るいせき》損失は一〇一六億円にまで膨れ上がり、深刻な経営危機に陥った同行を救済すべく、〇八年三月には都議会で四〇〇億円の追加融資案が可決され、何とか命脈を保った形となったが、もちろんこれで危機が消え去ったわけではない。

ハッキリ言って、新銀行東京の再建はかなり厳しいというのが筆者の正直な見解だ。

新銀行東京に対する検査を終えた金融庁は、〇八年十二月、ずさんな融資や元行員による詐欺事件があったとして、同行に業務改善命令を出した。これを受けて同行は翌月、再発防止と審査・管理体制の強化を柱とする業務改善計画を提出した。さらに、事業を大幅に縮小することで経営再建に乗りだし、一〇年三月期には〇五年の開業以来初の最終黒字を計上したが、本業での利益を示す業務純益については依然として赤字のままだ。そのカラクリは不良債権が健全化したと称して、引き当て金を取り崩して特別利益として計上したからだ。つまり、会計テクニックを用いて黒字化しただけの話で、同行が相変わらず厳しい経営状態に置かれていることに変化はない。しかも融資残高は激減しており、これでは中小企業に資金を提供するという本来の役目を果たして居らず、存在の意味がないという批判も強まっている。

一〇〇〇億円を都庁の屋上からばらまいたのと同じ

それにしても、「中小企業を支援する」という、ある意味で高い志に基づいて設立された新銀行東京が、なぜ、こうも悲惨な結末を迎えようとしているのだろうか。その大きな理由の一つは、前述した通り、同行がスコアリングモデルを使った中小企業向け融資にほとんど特化した金融機関だったことにある。事業の大きな柱が一つしかない以上、そこで躓《つまず》けば、勢い銀行全体の浮沈につながってしまうというわけだ。

第二に挙げられるのは、別名「石原銀行」と呼ばれるように、都知事の鶴《つる》の一声で作られた銀行だったこともあり、政治と行政からのプレッシャーに極端に弱かったことだ。ある東京都の幹部はこう指摘する。

「新銀行東京がこれまで実行した融資の中には、都議会議員が口ききした案件が相当数含まれている。それらの中には、政治力にものをいわせたケースも少なくなかったと聞いています」

実際、筆者の取材でも都議会の与党側である自民党、公明党の都議ばかりではなく、野党の民主党にも口ききをしたという議員が存在することが分かった。もちろん、そのすべてに問題があったわけではないだろうが、ゴリ押しに近い案件も相当数あったといわれている。実際、新銀行東京が開業した〇五年には七月に都議選、九月には総選挙が行なわれたのだが、選挙が近づくと急に議員を通じた紹介案件の融資が増えたという。

前述した新銀行東京に対する金融庁の検査では、こうした口きき融資についても念入りに調べられているようだ。

「金融庁の検査では、新銀行の融資実態が徹底的に洗い出されている。その結果、口

きき融資の実態もあぶり出されるだろう。心当たりのある議員はまさに戦々恐々としているはずだ」(金融庁関係者)

一方、行政からのプレッシャーとは、どのようなものだったのだろうか。実は東京都は開業前に新銀行東京に対して、同行の経営方針をマスタープランとして提示し、履行を迫っていたのだ。

そのプランの内容とは、中小企業に対して無担保・無保証融資を実施することを前提に三年後の目標として、融資保証残高九三〇〇億円、口座数百万、さらにATMを二百台設置——というもので、地銀でも中位クラスに相当する規模を目標としていたが、銀行内部では急激な拡大路線を懸念《けねん》する声も根強かった。

しかし、同行の元行員によれば、開業前に都幹部から直々に強い要請を受け、結局は、マスタープランを受け入れざるを得なかったのだという。

さらに、同行の関係者はこの点について次のように証言する。

「八四%もの株式を握る大株主である都の意向を無視することなど出来るはずがありません。結局、無理をしてでもノルマを達成するために融資を押し込んでいくような状況になってしまったのです」

都の幹部としては、都が出資して銀行を作った以上、当初の計画通りの役割を果たしてもらわなければ、自分たちのメンツが潰《つぶ》れてしまうという危機感があったのだろう。また、融資が迅速に進まなければ、利用者やその意を汲《く》んだ議員から都に対する抗議が殺到することも懸念された。

そこには時代の流れを見据えた上で、新たな金融機関をじっくりと育てていこうというような見識は微塵《みじん》も感じられない。いかにも役人らしい保身のみが目に付くばかりである。

さらに、最後の、そして最大の問題は、新銀行東京が結局、素人《しろうと》集団でしかなかったことだ。トヨタ出身で同行の初代トップを務めた仁司《にし》泰正《やすまさ》氏の開業当初の次のような発言が、まさにそのことを象徴している。

「赤字の企業でも債務超過の企業でも貸します。セーフティーネットとして活用していただきたい」――。

プロの金融マンが聞いたら、思わず目が点になってしまうに違いない。金融におけるマーケットメカニズムを全く理解していないばかりではなく、自己資本を公金で補《ほ》塡《てん》できるため経営自体に緊張感が欠けていたことが、如実《にょじつ》に表れている。

これに加えて同行の迷走に拍車をかけたのは、スコアリングモデルをあまりにも安易に信用しすぎたことだ。もちろん何度も述べてきたように、このスコアリングモデルを使った融資に関しては、大手銀行もかなり痛い目にあってはいるが、それでも新銀行東京と比べて決定的に違ったのは、過去の蓄積があるかないかということだった。どんなに精緻《せいち》なモデルを作ろうと、データだけで融資の可否を判断することは出来ない。最終的に判断を下すのは人間であり、そこで重要になってくるのは経営者の信頼性や能力など数値にできない部分をいかにして見極めるかということだ。

そして、こうした能力を裏付けるのは、どれだけ経験を積みノウハウを持っているかということだが、残念ながら新銀行東京にはそれらのすべてが欠けていた。

たとえば、特に中小企業の融資に際しては信用情報が生命線とも言える役割を果たすものだが、新銀行東京はそのチェックすら怠っていたのである。

最も詳しい信用情報は、全国信用情報センター連合会で入手することが出来るが、この団体は消費者金融や商工ローンが出資して作られた団体であるために、銀行は加入できない。そのため、貸金業種の子会社を加入させて、銀行はその子会社の情報を活用している。しかし、新銀行東京にはそのような子会社がなかったために、情報を得ることが出来なかったというのだ。

そのためブラックリストに載っているような企業や個人であっても、書類上の要件さえ整っていれば、融資が通ってしまうことになった。こうしたことは、金融業界の常識から見れば考えられないほど甘いスタンスだったと言わざるを得ない。

結局、開業以来、新銀行東京のやってきたことは、都庁の屋上から一〇〇〇億円の現金をばらまくのと同じだったというのが、筆者の率直な感想である。

巨額資金が闇《やみ》社会へ？

実例をもとに、こうした乱脈な融資の実態について見ていくことにする。

新銀行東京が開業して間もない二〇〇五年八月に、東京・日本橋の外車販売業者に三〇〇〇万円を融資したのだが、経営者は一度も返済しないまま数カ月後には失踪《しっそう》し、会社は倒産した。

筆者が日本橋界隈《かいわい》を取材して回ったところでは、この経営者は地元でコツコツと自動車修理工場を営んでいた父の後を継ぐ形で事業を拡張し外車販売に乗り出したものの、典型的な二代目のダメ社長で、事業がうまくいっていないのに六本木などで派手に遊び歩いていたのだという。

「新銀行東京から融資を受けたと聞いて、ビックリしました。会社の家賃すら払えない状況だったというのに、よく貸してくれる銀行があったってね」

そう語るのは、父親の時代からつきあいのあったという近所の商店主だ。この人物によれば、二代目経営者はあちこちから借金を重ねて、親から受け継いだ不動産はとっくに人手に渡り、新銀行東京から融資を受けた頃にはすでに暴力団系のヤミ金融にも手を出していた。実際、二代目経営者が行方をくらます前日には、取り立てにやって来た数人の暴力団風の男たちが会社を取り囲む騒動があったのだという。

結局、この融資で新銀行東京が回収できたのは、二代目経営者が失踪後に預金通帳に残された二万円だけだった。

ヤミ金融に手を出している上にその返済すら滞っているような人物に、銀行が三〇〇〇万円もの大金をポンと融資したというのは、もはや、たちの悪い冗談のような話である。

しかも、筆者が半日ほど近所を回っただけでこれだけの悪評が聞こえてくるのだから、いわゆる信用情報にアクセスできなくても、経営者と面談してその能力や人柄を評価するなり、実際に会社に行って近所で評判を聞くなり、少しでもキチンと審査をしていれば、被害を受けることはなかったはずである。

こうした異常な融資の実態を聞けば、筆者が都庁の屋上から現金をばらまくのと同じだと言った理由が分かるだろう。

もっと、杜撰《ずさん》だったのは、〇六年に栃木県の食肉業者へ五〇〇〇万円を融資したケースである。

そもそも、東京都の中小企業のために設立され、都内を営業エリアとしている新銀行東京が、栃木県の企業に融資をするというのもおかしな話なのだが、さらに、不可解だったのはこの食肉業者が地元で極めて評判の悪い企業だったことだ。

栃木県の食肉事業連の幹部が次のように証言する。

「この業者の卸す牛肉は常識では考えられないくらい安かった。賞味期限や産地を偽装しているのではないかという噂《うわさ》が絶えなかった」

実際、この業者には〇六年四月から農林水産省の検査が入っていたのだが、六月二十六日には地元紙が一面で大きく「牛肉の偽装表示」が発覚したことを報じた。にもかかわらず、新銀行東京はこの報道の翌日の六月二十七日に前述した五〇〇〇万円の融資を実行したのである。

「そもそも悪い噂があった会社だったし、あんなことが報道されたら資金繰りに困るに決まっている。地元の金融機関だったら絶対に融資をしなかったと思います」（前

出の食肉事業連幹部）

その後、偽装表示を認める会見を開いたこの食肉業者は、事実上倒産に追い込まれ、社長は失踪。融資された五〇〇〇万円の九割は焦《こ》げ付いたのだった。

都内の企業でもないこの食肉業者への融資は、当時の新銀行東京の経営陣が強引に通したものだといわれている。前日にその会社の経営に決定的な影響を与えるようなネガティブな事実が大々的に報道されたにもかかわらず、融資を止《や》めなかったことなどを考え合わせると、「背任」に問われる可能性すら取り沙汰《ざた》されている。

こうした乱脈融資の結果、新銀行東京は開業一年で二〇九億円、二年目までに五四七億円の累積赤字を出し、その後、〇七年六月にはようやく拡大路線から転換し、店舗の縮小や人員の削減などリストラを進めたものの、開業三年目で累積損失が一〇〇〇億円を超えたことは、すでに述べた通りだ。

さらに、新銀行東京の現状について、あるメガバンクの幹部は次のように述べている。

「度重なるリストラで残っている行員は役人と素人ばかりというのが現状となっている。しかも、新規の融資に応ずる体力などほとんど残されていないことを考えれば、新銀行東京はもはや、銀行としての体をなしていないのが実情だ」

財政上の理由で再建が困難なばかりではなく、もはや社会・経済的な役割すら担《にな》えない状況になっているということだ。すでに〇七年辺りから、同行の融資条件は一般の銀行より厳しいものになっており、これまでの融資をキチンと返済してきた中小企業に対してすら、担保や高利を求めるようになっている。貸し渋り対策のために設立された銀行が貸し渋りをせざるを得ないというのは、何とも皮肉な結末ではないだろうか。

もっとも、融資が焦げ付いただけで話が済んでいれば、金融ビジネスのつもりが慈善事業になってしまっただけのことである。損失などしょせん都民の税金でまかなうものであり、その意味では中小企業に対して補助金を出しただけのことだと、都庁の役人は考えているのかもしれない。

ところが、そうはいかない事情がある。新銀行東京から消えた資金のうちかなりの金額が闇社会に吸い込まれていったと見られるのである。

実際、開業した〇五年四月から〇六年にかけて、「無担保・無保証」「貸し渋りなし」「スピード決済で融資決定」をスローガンに、文字通り行け行けドンドンで資金が貸し付けられていく中で、同行は詐欺師《さぎし》的な金融ブローカーたちの格好の標的とされたのである。

インチキの決算書を持ち込むなどは序の口で、経営実態がなくても融資が下りることが分かると、休眠会社やペーパーカンパニーを使って次々と資金が引き出されていった。

また、闇金融にまで手を出して多重債務に苦しんでいる経営者に融資を受けさせ、それを闇金融業者への返済に充《あ》てさせるというケースもあった。前述した日本橋の外車販売業者への融資はこれに該当するものかも知れない。

ただし、あの猛烈な営業力と抜け目のなさで知られたかつての住友銀行の流れを汲む、三井住友銀行ですら中小企業融資で大きな焦げ付きを出したことはすでに述べた通りだ。暴力団の共生者となるような詐欺師的な金融ブローカーにとっては、素人と元金融マンを寄せ集めただけの新銀行東京など、赤子の手を捻《ひね》るようなものだったに違いない。

そもそも、そんなド素人集団が中小企業融資に乗り出したこと自体、無謀な話だったのだ。一部には新銀行東京から闇社会へ吸い込まれた資金の総額は五〇〇億円に達するという推計も出されている。すべてが都民の税金であることを考えれば、融資審査の緩い銀行を設立して、結果的に反社会的勢力を肥え太らせてしまったことになる。都庁、さらには石原都知事の責任は、その意味でも重いと言わざるを得ない。

第五章

「黒い目の外資」とヤクザの奇妙な共生関係

様々な金融ノウハウとテクニックを提供か

前章では、闇《やみ》勢力に侵蝕《しんしょく》される日本の金融界の実態を見てきた。そこには確かに事業者ローンの焦《こ》げ付きに代表されるように、詐欺《さぎ》的な犯罪行為によって巨額の資金が半ば強奪されている状況があった。しかし、一方で怪しげなM&Aや地上げに対して大手銀行が行なった融資が、結果的に闇社会に巨額の資金を流入させることにつながったのも事実なのである。

儲《もう》けを出すためには、問題のある融資でも目をつぶって実行する。「失われた十年」と呼ばれた時期に闇勢力の絡《から》んだ不良債権処理であれだけ痛い目にあったにもかかわらず、ここへ来て日本の銀行業界にはバブル時代さながらの融資姿勢が復活してきていたのだ。その意味では銀行と闇勢力との間にある種、持ちつ持たれつの共存関係が成立するようになっていたといっても過言ではない。

ただし、誤解しないでいただきたいのは、筆者は貸す側の姿勢にも問題があったことを指摘することで、闇勢力を擁護しているわけではない。ここで言っておきたいのは、銀行を一方的に被害者とするだけでは、事の本質が見えてこないということだ。巨額融資により濡《ぬ》れ手に粟《あわ》の利益を上げたいと、欲の皮の突っ張ったことを考えるから、そこにつけ込まれるのである。

さらに、金融界と闇勢力の関係は、こうした「魚心《うおごころ》あれば水心」という次元に留まらない。金融機関に所属する現役の会社員でありながら、暴力団などの闇勢力に様々な金融テクニックやノウハウを提供する、「共生者」というべき役割を果たしている金融マンが存在しているのである。そして特筆すべきは、彼らの多くがいわゆる「黒い目の外資」であることだ。

「黒い目の外資」とは、外資系に勤める日本人金融マンを指す。もちろん、大多数は闇勢力などとは全く関わりなく真面目《まじめ》に働いているのだが、彼らの中には暴力団に出入りしている人間が相当数いることも事実なのである。

コンプライアンス（法令遵守《じゅんしゅ》）に厳しいはずの外資系で、なぜこんなことが起こるのだろうか。

「いわゆる『黒い目の外資』の多くは、九〇年代後半に相次いだ日本の金融機関の破《は》綻《たん》や大幅なリストラにより転職した人たちです。その中には年功序列だとかビジネスの上でもいろいろ縛りの厳しい日本の金融機関の体質を嫌って出て行った、かなり山っ気のある連中もいました。

そもそも、外資にはどうやって稼いでくるのかということよりも、どれだけ利益をもたらすのかを重視する風潮が強い。そういう企業風土はかつてホリエモンが言い放った『稼ぐが勝ち』という科白《せりふ》に通じるモノがあると言えます。だから、コンプライアンスに厳しいというのも、裏を返せば、法律で明確に禁止していないことは何でもやっていいという理屈になる。そういう雰囲気の中で、転職組の外資系金融マンの中にはかなり荒っぽいことをやる者も出てきたのです」(メガバンク役員)

そして、ここで大きなポイントとなるのは、合法か非合法かということよりも、かりに非合法であったとしても非合法だと認識されないようにするということだ。そのためにファンドや投資事業組合の組成、タックスヘイブンに設置された投資事業会社の活用など、様々な金融テクニックが駆使されることになる。

こうしたケースの典型例が、第一章で述べた指定暴力団山口組旧五菱会系のヤミ金融グループによるマネーロンダリング事件である。

この事件の舞台は、日本から最も近いタックスヘイブンである香港《ホンコン》を舞台としたものだった。ちなみに、厳密には香港がタックスヘイブンといえるかどうか議論の分れるところなのだが、本書ではとりあえずそう定義づけた上で話を進めていくことにする。

事件の顚末《てんまつ》についてはすでに述べたので繰り返さない。要は二〇〇三年当時、「ヤミ金融の帝王」とまで呼ばれていた人物の不正な収益約五〇億円が、匿名性《とくめいせい》の高い割引債に変えられた上で、銀行間取引を巧みに利用して香港に送金されていたというものだ。

事件では、「ヤミ金融の帝王」とその関係者の他に、マネロンの指南役としてスイスに本拠地を置く金融機関クレディ・スイスの香港支店に在籍していた日本人元行員が逮捕された。

その後、取り調べが進む中で、マネロンされた資金の総額は約九四億円にまで膨れ上がっていった。さらに、当時ヤミ金融の過酷な取り立てによる自殺者が全国で相次いでいたこともあり、裁判は大いに世間の注目を集めた。

ところが、ヤミ金融グループのメンバーはいずれも有罪判決を受けたものの、組織犯罪処罰法違反（犯罪収益等の隠匿）罪に問われた元行員は、一審、二審とも無罪となり、検察が上告を断念したことで〇七年九月に無罪が確定したのだった。

裁判の争点は、この日本人元行員が犯罪収益と知ってこの資金を扱っていたかどうかということだったが、検察側はこの点を立証することができなかったのである。

ただし、公判で元行員は巨額の資金について、「脱税したカネだと思った」と答えている。脱税の手引きをしたことを認めながら無罪を主張するのは不思議に思えるかもしれないが、ここに一つの盲点がある。実は組織犯罪処罰法では、脱税によって得た資金を同法の対象となる不正資金とみなしていないのである。

さらに言えば、スイスにおいては単純な脱税は刑法上の犯罪とみなされていないという事情もある。外国人がスイスの銀行に預けた資金に関してもこの法律が当てはめられるから、あくまで合法的なビジネスを行なっただけだと主張したかったのだろう。とは言っても、日本をはじめとする普通の先進国では脱税はもちろん犯罪行為であり、しかも、一〇〇億円近い額となればその出所を怪しく思わない方が不自然ではないだろうか。

逆に言えば、あえてどんな種類のカネか詮索《せんさく》しないことにより、自分の身を守っていたと見ることもできる。こうなると、ほとんどギャング映画のような話である。いずれにせよ、この元行員の感覚は普通の金融マンとはかけ離れていたと言わざるを得

国際金融都市であり、日本から最も近い〝タックスヘイブン〟でもある香港には、巨額の資金が吸い込まれている　（写真提供・毎日新聞社）

ない。

プライベートバンクという迷宮

もうひとつ、注目すべきはこの元行員がクレディ・スイス香港支店のプライベートバンク業務担当だったことだ。

プライベートバンク自体は、もともと、ヨーロッパの富裕層の資産の運用と管理を主な業務として、この二百年程の間に発展してきた経緯がある。

いまでこそヨーロッパ諸国はEUという巨大な国家連合を形成し、冷戦後唯一《ゆいいつ》の超大国となった米国や台頭著しい中国に匹敵するほどの国際的なパワーを誇っているが、そこに至るまでには、十八世紀以降を見ただけでも大小いくつもの戦争を経験している。そして、二十世紀には二度の世界大戦の主戦場となり、ほぼ全土が戦火に覆《おお》われ大きな被害を受けた。また、この数百年間に動乱、暴動、革命、さらには独裁者による圧政、虐殺《ぎゃくさつ》など、おおよそ考え得る歴史上の悲劇をほとんど経験しているといっても過言ではない。

そんな中で長期間にわたって資産を守るために、彼らプライベートバンカーが考え出した最も重要なノウハウは、資産を「分散」することだった。いくつかの国に分けて資産を保有しておけば、一つの国が戦争などで経済的に壊滅的なダメージを受けても、それによって一族が文無しになることはない。

また、革命の勃発《ぼっぱつ》や独裁者の登場などにより国の体制が一変すれば、外国に置いた資産に対してもいろいろとイチャモンを付けてくるかもしれない。それにより、口座が凍結されるという事態も考えられるから、資産はなるべくどこにあるのか分からないようにしておく方がいい。つまり、資産を「隠匿」することも重要となってくる。

資産の「分散」と「隠匿」――。こうした観点からヨーロッパでも特にスイスで金融業が発展していくことになった。その背景には、永世中立国である安定性と極めて口の堅い銀行の存在があったというのは、よく知られていることだ。

もっとも、これらの特性故《ゆえ》にスイスのプライベートバンクが、個人の資産の保全ばかりではなく犯罪収益やその他の怪しげな資金の隠匿、さらには税金逃れを目的としたマネーロンダリングの中継地として活用されることも少なくなかった。

そして、このようなスイスの金融機関の〝伝統〟は、現代にも受け継がれている。ただし、近年では犯罪やテロ絡みの資金に関しては、外国の捜査機関への協力や口座の凍結などかなりフレキシブルな措置が取られるようになってきている。もっとも、そうは言っても、犯罪で違法に得た収益であることをオープンにして預けに来るわけではないだろうから、海外の捜査機関は犯罪性を明確にした上でスイス側と交渉しなければならないわけで、これはかなりの負担となる。

そもそも、組織犯罪に対する捜査というのは昔から資金の流れを追いかけた上で、脱税などの容疑を端緒として犯罪の全容を暴《あば》くという手法が一般的となっている。かつて、「ギャング王」と呼ばれたアル・カポネが捕まったのも脱税だったのが良い例だ。ところが、前述したようにスイスでは脱税の犯罪性に対する認識が他の国とはかなり異なるから、資金の流れにスイスの金融機関を介在させると、こうした捜査手法を取ることが難しくなる。

話を暴力団など日本の闇勢力に引き寄せて考えた場合、この点だけでも大いにメリットのあるところだろう。逆に言えば、巨額の資金の出所を問わず海外に送金しマネーロンダリングの手助けをしてくれるプライベートバンカーに闇勢力が接近していくのは、ある意味で必然だったのかもしれない。

一方、プライベートバンカーの本来のビジネスは、富裕層の資産の運用と管理だから、当然その顧客には超のつくような大金持ちが多い。筆者を含めて持たざる者には分からないことだが、百億円単位の資産を持っている人たちにとっては、経済的には孫子の代まで保証されているが故に、その他の様々なリスクをいかにして回避するかが大きな課題となる。

円建ての資産しかなければ、もし関東地方や東海地方が大地震に襲われ日本経済が大きなダメージを受けたときにどうなるか。米国は確かに現在の世界では唯一の超大国だが、その経済は今後中長期的に低迷し続けるかもしれない。ユーロ建てで資産を管理するなら、ついでにスイスやオランダの市民権を取得してヨーロッパで暮らせば日本の高い税金を払わなくて済む——。

日本という国が没落しようが、どうなろうが、一族の繁栄は続く。国家の浮沈と運命を共にする気などさらさらない。こういう考え方、生き方ができてこそ、初めて本当の金持ちだといえるのかもしれない。そして、現在の日本にはこのくらいのレベルの富裕層が少なからず存在するのである。

彼らにとって資産の分散は極めて現実的な問題なのである。さらに、相続税をはじめとする日本の高い税金を可能な限り回避したいとも考えるだろう。また、富裕層のみを相手にしたファンドなど有利な投資話があれば、乗ってみたいと思うかもしれない。そして、こうしたニーズにすべて応《こた》えてくれるのがプライベートバンカーなのである。

近年は日本のメガバンクでも、プライベートバンク部門を開設してはいるが、その内容は多少金銭に余裕がある小金持ちの手持ち資金を運用する程度のものに留まっている。いざとなれば、顧客を海外に連れ出して、そこで生活させるノウハウまで持っている海外のプライベートバンカーとは、「似て非なるもの」だというのが実態なのである。

資産保全と投資に関する様々なアドバイスばかりではなく、まさに執事というべき役割を果たすのが、外資系のプライベートバンカーの大きな特徴だ。

しかし、前述した通り、日本には一部に闇勢力とかなり親密な関係を持っているプライベートバンカーが存在している。彼らの中には単に暴力団などのマネロンをサポートするだけではなく、みずから大がかりな仕手戦や詐欺《さぎ》まがいの投資話を持ち歩いて資金を募り、荒稼ぎする者もいた。そして、時には〝顧客〟である富裕層が彼らの餌食《えじき》となってしまうこともある。

以下では、ある経済事件に関連して、プライベートバンカーの口車に乗せられたために、百億円単位の資産を失った人物のケースについて述べていきたいと思う。

超高級マンションからコーヒーカップまで

筆者がその人物に会ったのは、二〇〇六年の秋頃だった。場所は都心の片隅にあるビジネスホテルの喫茶ルームだったと記憶している。ここではこの人物を仮にX氏として話を進めよう。X氏は当時世間を騒がしていたある巨額詐欺事件のキーマンといわれていた。

X氏がこの取材をセッティングしてくれたIT企業家のY氏に伴われて姿を現したのは、約束の時間よりも十分ほど遅れてのことだった。

なんとなく場末感漂う寒々しい雰囲気の喫茶ルームの一角でX氏と向かい合って座り、型通りの挨拶《あいさつ》を交わした後、インタビューを始めたものの、何を聞いても「そうですね」、「分かりません」、「どうですかね」という曖昧《あいまい》な返事が返ってくるばかりだった。

次第にイライラを募らせた筆者が、業《ごう》を煮やして「どうなんですか、きちんと答えてくださいよ」と語気を強めて詰問《きつもん》すると、X氏の隣に座っていたY氏が「まあ、まあ、本人もいろいろとショックを受けてますから」と割って入ってきた。

仕方なく、そのままX氏の調子に合わせてインタビューを続けたが、結局、内容のある話はほとんど聞けなかった。

後で知ったことだが、この当時すでにX氏は彼が管理していた一族の資産の大半を失っていた。それればかりではなく、彼が加わった投資の事後処理をめぐって暴力団関係者からも追い込みがかかっていたのだという。

そういうわけだから、ボーッとしていたのは決してとぼけていたわけではなく、ほとんど茫然《ぼうぜん》自失の状態だったのである。

それでは、なぜ、こんなことになってしまったのだろうか。関係者から取材した話を総合すると、次のようなことだった。

そもそもX氏の一族は北海道に薬品関係の会社を持っていたのだが、九〇年代の終わり頃、それを名古屋の薬品会社に売却したことで、数百億円もの利益が転がり込んできたのだった。

その際、税務対策としてプライベートバンカーとの付き合いが始まった。この人物はスイス系の銀行に所属する「黒い目の外資」だったという。

巨額の資産の管理者として一族の中からX氏が選ばれたのは、特に彼が経済に明るかったからというわけではなかった。ただ、多少英語がしゃべれるのと、一族のほとんどが医者など医療関係の仕事に従事している中で、X氏だけはキチンとした仕事に就いていなかったので、それなら、欧州に住まわせて資産の管理でもやらせようということになったようだ。要するに、欧州に居住していれば日本の税金を納めなくて済むというアドバイスに従って、一族の中でもヒマ人だったX氏が送り込まれたというわけだ。

こうして、当時まだ二十代半ばだったX氏の優雅な海外生活が始まった。一応、欧州で現地のプライベートバンクの顧問を務めたり、自分の資産を運用するための投資会社を設立するなど、一端《いっぱし》の投資家気取りだったようだが、実際はすべてプライベートバンカーがお膳《ぜん》立《だ》てしたことであり、X氏はほとんど言いなりだったと見て間違いない。

さて、いくら欧州に住民登録したといっても、ずっと現地に行きっぱなしというわけにはいかない。日本の税法に引っかからない程度の期間はやはり、日本で過ごすことになる。当初、X氏は東京でホテル住まいをしていたのだが、それでは、何かと不自由だし、第一出費も馬鹿《ばか》にならない。どうせなら、高級マンションを購入したらどうかとプライベートバンカーから誘われた。

Ｘ氏は特に疑問を持つこともなくこれを受け、青山にあるウルトラ億ションを確保してもらったのだが、購入したその日から住めるように食器や家具が揃《そろ》えられていたのはもちろんのこと、ベッドにはきちんとシーツが敷かれ、食卓にはナプキンから楊《よう》枝《じ》までが準備されており、Ｘ氏はただキーをもらって部屋のドアを開けるだけで生活がはじめられるという至れり尽くせりぶりだった。

さらに、二〇〇〇年頃プライベートバンカーは、今後はこうした高級マンションの需要が増えるだろうからいまから投資しておけば儲《もう》かると提案してきた。Ｘ氏がこの話に乗ると、数年でかなりの利益がもたらされたという。もちろん、この件に関してもＸ氏はただ提案を承諾するだけで何もしていない。物件の選択から売買取引まで、すべてプライベートバンカーが取り仕切り、Ｘ氏は利益を受け取っただけだった。

平成電電事件に巻き込まれて

この段階でＸ氏を巻き込んだある〝計画〟が動き始める。この当時、Ｘ氏は複数のプライベートバンカーと取引していたというが、その中の一人が次のような儲け話を持ちこんで来たのだ。そのプライベートバンカーが同じく外資系金融機関に勤める数人の「黒い目の外資」と組んで仕掛けたのは、いくつかのボロ会社を活用した仕手戦だった。

その一つがベンチャー系の通信会社「平成電電」である。NTTの空き回線を利用する格安の固定電話サービスを〇三年七月に開始、翌年「CHOKKA」と名称を変更して大々的にPRしたものの、契約数が伸び悩み、経営に行き詰まってしまう。

その際、特に大きな問題となったのは、同社に通信設備をリースしていた子会社の「平成電電システム」と「平成電電設備」の二社が「匿名《とくめい》組合」を運営し、最高年率一〇%もの高利回りを謳《うた》い文句に投資家を募って、約四九〇億円もの資金を集めていたことだった。〇五年十月に平成電電が経営破綻《はたん》したことで両社は配当を停止し、解約にも応じなかったことで、投資家から訴訟を起こされた。

さらに、〇七年三月には通信機器へ投資するという勧誘自体が詐欺だったとして、平成電電の元社長ら五人が警視庁に逮捕されている。

筆者の掴《つか》んでいる情報では、この平成電電のそもそもの出資金の中には、暴力団マネーや、X氏のように外国に居住して日本に税金を納めていない資産家などの資金、つまりオモテに出せないカネがかなり混ざっていたという。

また、平成電電は有名タレントを起用した派手なテレビCMによる大宣伝を行なってはいたが、力を入れているのは投資説明会だけで、実際の顧客を獲得するための営業にはそれほど熱心ではなかったという話もある。

ある警察関係者は、平成電電事件に関して次のように語る。

「高利を謳った投資話で掻《か》き集められた巨額の資金は、匿名事業組合を通じてどこかへ消えていき、資金繰りに行き詰まった後は、ほとんど計画倒産に近い形で会社が潰《つぶ》されたのではないかと見られる。警視庁もこの点に着目して元社長を詐欺容疑で逮捕したようだ」

そして、前述した仕手戦は、この平成電電の経営破綻に乗じて繰り広げられた。

実際の仕手戦の舞台となったのは「ドリームテクノロジーズ（現トライアイズ）」という会社だった。大証ヘラクレスに上場するＩＴ企業である同社は、もともと平成電電とはかなり親密な関係だったが、平成電電が〇五年十月に破綻した後に再生支援スポンサーとして名乗りを上げたのである。また、ほぼ同時期に、村上世彰氏が率いる村上ファンドが第三者割当増資を引き受け、ドリームテクノロジーズの大株主となっている。

通信分野への本格参入という新展開に加え、当時、肩で風を切る勢いだった村上ファンドが乗り出してきたことで、市場の注目はドリームテクノロジーズに集まり、それまで下落傾向にあった同社の株価は一気に高騰《こうとう》した。
しかし、〇六年四月に入って結局、平成電電の再建が見送られると、ドリームテクノロジーズの株価も再び低迷していったのである。

事前にドリームテクノロジーズの株を仕込んでおいて売り抜けば、文字通り濡《ぬ》れ手に粟《あわ》の大儲けとなるわけだ。それではこの仕手戦に、前述した資産家X氏がどのようにはめ込まれていったのか、次にそれを見ていきたい。

乗っ取りや株の引き受けなど何をして株価を引き上げるにせよ、初期投資は不可欠となる。それにより、まず「器」となる企業を手中に収めておくのだ。この際、狙《ねら》われるのは、すでに経営的には行き詰まっていて、資金を提供すればいいなりになるような企業だ。さらに、株価をつり上げる触媒となる資金、いわゆる「タネ銭」を投入して、市場を通じて資金を引き込む準備をした上で、具体的なアクションを起こして仕手戦のトリガーを引くのである。

ドリームテクノロジーズの件で金主となったのは、もちろんX氏だった。〇一年暮れにドリームテクノロジーズの第三者割当増資を引き受けたX氏は、〇三年秋に同社の取締役に就任。さらに、〇四年には第二位の大株主になっている。すべては、プライベートバンカーがいい投資案件があるとして、X氏を引き込んだものだった。

その上で「黒い目の外資」の仲間のノウハウや人脈を最大限に活用して、平成電電の再生支援計画や村上ファンドの資金導入など、ドリームテクノロジーズをめぐって次々とアドバルーンがブチ上げられたのである。それにより、前述した通り同社の株価は一気に上がっていった。もちろん、その背後で高値が続くうちに同社株は着々と売り抜かれていき、莫大《ばくだい》な売却益がもたらされたのだった。

ところが、このプロセスでX氏は文字通りハシゴを外されてしまう。詳しい事情はハッキリとはしないのだが、結果的にドリームテクノロジーズの株を思うように売り抜けることができなかったのである。そのため、X氏は巨額の損失を被《こうむ》ることとなった。

しかも、彼の悲劇はそこで終わらなかった。

実はX氏自身、平成電電にかなり初期の段階で出資をしており、詐欺まがいの投資話で同社が獲得した資金の一部が、彼にも流れ込んでいたとみられるのだ。さらに、車好きだったX氏は当時、投資の成功に気をよくして、その収益を使ってF1チームのスポンサーになるなど派手に振る舞っていたことで、新興のIT長者の一人としてビジネス界でも注目されるようになっていたのである。

もちろん、実態はたんにプライベートバンカーの言う通りに動いていただけで、ビジネスのプロでも投資のプロでもなかったわけだが、世間はそうは見なかった。平成電電が破綻し、同社の再生支援を断念したドリームテクノロジーズの株価が低迷する中で、X氏の責任も問われるようになったのだった。

さらに、平成電電に出資していたといわれる闇《やみ》勢力はX氏が巨額の資産を保有していることに目をつけ、平成電電の経営破綻はX氏のせいだと言わんばかりの論法で、追い込みをかけてきたという。

また、管理を任せていた資産を大幅に毀損《きそん》させたことで、一族からもさんざん非難を浴びせられ、筆者がインタビューした頃のX氏は、すっかり精神的に追い込まれた状況だった。そのため、前述したような、気の抜けたような受け答えしかできなかったようだ。

錬金術へと進化したマネロン

それでは、なぜ「タネ銭」を提供し、「器」となった企業の取締役まで務めたX氏が切り捨てられたのだろうか。そこまで計画のうちだったのか、それとも何かの事情でやむなくそういうことになったのか、その真相は分からない。一説には平成電電のバックには「黒い目の外資」の集団がいて、詐欺的な金融ノウハウを駆使して、同社が投資家から募ってきた資金を収奪していたともいわれ、その幕引きの目くらましとしてX氏が利用されたという見方もされるが、それも定かではない。

ただし、一つ確かなことは、そこに悪意があろうとなかろうと、プライベートバンカーの言う通りにしていたX氏が結局、破滅に追い込まれてしまったことだ。もちろん、X氏にも相当の山っ気があったことは確かだが、「黒い目の外資」の持つ際《きわ》どい一面が、そこにはにじみ出ているのではないだろうか。

さらに、「黒い目の外資」の中には暴力団に出入りしている人間が相当数存在しているということはすでに述べたが、そこでは基本的にプライベートバンカーがX氏に対して行なっていたのと同じように、資産の運用・管理に関するきめの細かいビジネスが展開されていたと見られる。

もちろん、闇勢力に対しては、ハシゴを外したり、最終的にババを摑ませるようなことは、間違ってもしないだろう。豊富な暴力団マネーを活用した様々な投資案件を至れり尽くせりのサービスでお膳立てし、その収益から相当額の手数料を受け取るのである。

そもそも、一部の「黒い目の外資」は、暴力団マネーを海外に流してマネーロンダリングの手助けをしていたのだが、それが進化を遂げてこうした形になったと見られる。この点について、もう少し詳細に見ていきたい。

欧米では犯罪マネーに対する取締は日本よりも遥《はる》かに厳しく、通常摘発されればすべて没収されてしまう。つまり、犯罪マネーをブラックなままにしておいたら、いくら持っていても何の役にも立たないことになる。下手に遣って司法当局等に露見すれば、すべて失ってしまうからだ。

そのため、マネーロンダリングのニーズは日本よりも遥かに高い。しかも、その手数料も破格で、犯罪マネーが一〇〇あったとすれば合法的なマネー五〇に換えられるのが通常の相場だと言われている。

日本では、そこまで歩留《ぶど》まりは悪くないようだが、いずれにせよ、単純なマネーロンダリングである限り、最大限に頑張っても一〇〇の非合法なカネが一〇〇の合法的な金に換えられるだけのことであり、しかも現実的にはかなりの手数料が差し引かれることを考えれば、一〇〇を七〇か八〇に換えられれば上出来だというのが実態だろう。

ところが、「黒い目の外資」は単純なマネーロンダリングではなく、一〇〇のブラックなカネを自分たちが「タネ銭」などとして活用することにより、二〇〇にも三〇〇にもすることを企てるようになったのである。

そこには彼らが持つ投資事業組合やファンドを活用した様々な金融の技術的なノウハウが投入され、マネーロンダリングと錬金術がミックスされたような仕組みが作られていった。そして、そこから得られた収益はタックスヘイブンに送られることで出所を分からなくして、脱税をすると同時に完全に合法的なカネとして還元されるのである。

「黒い目の外資」はこういう仕組みを通じて、破格の手数料を手にしていた。逆に闇社会にとって見れば、そのままで持っていても表に出しにくいカネを合法的なものにするばかりではなく、増やしてくれるわけだから、まさに、願ったり叶《かな》ったりで、多少法外な手数料でも安いものだろう。

平成電電事件やドリームテクノロジーズの仕手戦も基本的にはこの構図と同じものだったと筆者は睨《にら》んでいる。そこでは、税金を逃れてスイスに置かれたX氏の一族の資金ばかりではなく、暴力団マネーも相当額投入され、マネーロンダリングと錬金術というべき怪しげな資産運用が繰り広げられていたと見て、間違いない。

虚を実に変える金融テクニック

こうしたプライベートバンカーたちの動きは、違法ギリギリの脱法行為や詐欺《さぎ》まがいの投資ファンドなど、一見、普通の金融マンの有り様とはかけ離れたものに見えるが、その底流にはこの十年ほどの金融ビジネスのトレンドが如実《にょじつ》に反映されている。その意味では彼らは決してアウトローなどではなく、時代の最先端を行く金融マンと言えるかも知れない。

それでは、ここで言う金融ビジネスのトレンドとはどのようなものなのだろうか。この点について日本を代表する金融機関の役員は次のように語る。

「金融ビジネスの流れの中で、融資や社債・株式の引き受けなどの利ザヤで儲《もう》ける利ザヤビジネスの段階を第一期とすると、現在は第二期のフィービジネスの時代だと位置づけられます。これは様々な金融ニーズに対して、金融機関が技術を提供することでそのニーズを満たし、フィーすなわち手数料を受け取るというビジネスモデルです。

そして、この第二期のビジネスはフィーを得るだけにとどまらず、金融機関は金融技術を活用してファンドなどを組成し、自ら投資のプレイヤーとなって利益を上げていくという形で進化を遂げていったのです」

　こうした展開の中で、各社の金融マンたちは、様々な業界に金融技術やノウハウを持ち込むことで、需要を掘り起こしていった。そして、その主要な顧客となったのはIT企業に代表される新興上場企業だった。この背景には、それまでの常識では考えられないほどの新興市場における株価の高騰があった。

　通常株価というのは、だいたい半年先のその企業の状況を想定して値付けされるものなのだが、一時期、日本や米国で「ITは産業革命以来の技術革新だ」などと持て囃《はや》されて、IT企業が雨後の筍《たけのこ》のように上場を果たしていた頃には、こうした常識がほとんど無視されるようになっていた。

　いきなり二十年後、三十年先という、それまでの投資の感覚から言えば気の遠くなるような未来にその企業がどう発展しているかという観点で、株が売り買いされるようになり、注目企業だとかIT関連銘柄というだけで、株価が高騰していったのである。

　しかし、いくらIT技術の発展が日進月歩だと言っても、そう簡単に革新的な新規事業を打ち出していけるはずもない。新興IT企業は自社の株価の高値を背景にエクイティファイナンス（増資による資金調達）により巨額の資金を調達し、それを投資によってさらに増やすことで、とりあえず〝成長〟を維持し続けるというのがビジネスの実態だった。米国ではエンロンが、数年のタイムラグがあって同じようなことが起こった日本ではソフトバンク、さらにはライブドアがその代表格の企業だと言えよう。

日本において特徴的だったのは、新興IT企業の多くが豊富な資金を活用してM&Aに乗り出したことだ。彼らが狙いをつけたのは、確実な収益を見込める企業や一等地の不動産などの資産を保有する企業だった。

つまり、ITバブルという空騒ぎの中でエクイティにより掻《か》き集められた資金など、所詮《しょせん》実体のない泡沫《うたかた》のようなものだということを経営者自身がよく分かっていたということだろう。だからこそ、株価の高値が続くうちにリアルなキャッシュを稼げる会社を買収して、キチンとした価値を生み出す実体のある会社に造りかえておきたい――。新興IT企業があれだけ頻繁にM&Aを行なった背景にはこうした思惑があったと見て間違いない。

しかし、実際に成功した事例というのは、日本テレコムを買収したソフトバンクくらいではないだろうか。同社は、通信事業を中心に据えてビジネスを再構築し、現在では携帯電話の会社となり、最盛時ほどではないにせよ経済界において一定以上の存在感を維持し続けている。

これに対して、フジテレビという大きな獲物を狙ったものの失敗し、脱落していったのがライブドアだった。ホリエモンこと堀江貴文氏が買収に乗り出した時、一部週刊誌は「人気女子アナと合コンしたいから買収を企てた」などとおもしろおかしく書き立てたものだが、もちろん、そんなことが彼の狙いであるわけはない。国から放送免許を受けているテレビ局は、ある意味で独占企業として確実に広告収入を手にすることができるドル箱である。豊富な資金を元手に投資ファンドを組成して金儲けをする以外に事業としてはあまり実体のなかったライブドアが、化けの皮が剝《は》がれて株価が下落する前にテレビ局を買収して、安定的な売り上げを見込める会社に造りかえたい——。この買収騒動の頃には「放送と通信の融合」などと観念的で小難しいことが盛んに言われたが、本音ではその程度のレベルの話だったのではないだろうか。

三木谷浩史社長が率いる楽天がＴＢＳの買収を狙ったのも、まったく同じ発想だろう。特にＴＢＳの場合は、東京・赤坂の一等地に現在「赤坂サカス」と呼ばれる複合商業施設となっている広大な不動産を保有しており、放送事業以上にこうした資産も三木谷氏にとっては魅力的なものだったに違いない。

また当時、新興ＩＴ企業が買収や合併を行なう際に「株式交換」などの手法が盛んに取られた。オールドエコノミーに属する企業の経営者の中には「ＩＴ革命は産業革命以来の大変革」という言葉に踊らされて、積極的にこうした交換に応ずる例も見られたが、これなどは民話などによく出て来るタヌキが木の葉で作ったお札を本物のお札と交換するのと大差のない行為だったと言えるだろう。

タヌキはお札が本当は葉っぱだと知っているから、なるべく早く本物と交換したい。そうした本音を見抜けずに株式交換に応じた方は、ＩＴバブルという魔法が解けた途端に手にしたお札が葉っぱだったことに気づいて愕然《がくぜん》とするということになるわけだ。米国で巨大合併として注目されたＡＯＬとタイム・ワーナーの合併などは、この典型例ではないだろうか。

さて、いずれにせよこうしたプロセスでさまざまな知恵と金融テクニックを提供してビジネスの指南をするのは金融マンたちだ。その作業を単純化して考えてみると、それはすなわち、バブル的な価値に過ぎないカネを、いかにスピーディーにリアルで実体のあるものに換えるかということになる。

さらに、ファンドを組成することで匿名性《とくめいせい》を高めた上で、海外のタックスヘイブンを活用して資金の流れを税務当局に把握されないようにすれば、なお、都合がいいという話になる。

こう見ていくと、こうした一連のプロセスは闇勢力のアングラマネーを扱う上でも十分に活用できるものだということが分かるだろう。

前述した通りＩＴバブルを背景に掻き集められた新興ＩＴ企業の資金は、株価の高値が続くうちに早く実体のあるカネに換えなければ、いずれは消えてなくなってしまうのと同様に、アングラマネーもできるだけ迅速に出所がわからないカネに換えていかなければ、いつまでたっても実質的な価値を持たないということだ。なぜなら、それが違法な収益である限り、表に出せば必ず税務当局や司法当局に把握され、摘発されてしまうからだ。

その意味においては、アングラマネーもまた、それがどんなに巨額の資金であっても、結局は実体のないカネに過ぎないということだ。それを実体のあるカネに換えるためには、マネーロンダリングが不可欠となるが、実はこの十年ほどの間に金融界全体が向かっていた方向が、それにうってつけのスキームを提供するものだったということなのである。

すなわち、ファンドにデリバティブ（金融派生商品）をかませることで資金を極大化し、さらに証券化により債権を流動化するなどという金融テクニックはこの間、金融機関が顧客に提供したり自らが投資プレイヤーとなってファンドを組成する際にさんざん活用してきたものだ。さらに、やり方は多少粗雑ではあったものの、ライブドアや村上ファンドのいわゆる「錬金術」と呼ばれるものも、基本的には同じことだったと言っていいだろう。そして、格段に荒っぽいやり方ではあったが、アングラマネーもまた、似たようなスキームやテクニックの中で蠢《うごめ》いていたのである。

しかし、こうした状況も大きなターニングポイントを迎えつつあるようだ。その理由について、前出の金融機関の役員は次のように語っている。

「サブプライムローン問題の拡大をきっかけにして、フィービジネスを中核としてきた第二期の金融ビジネスのモデルが崩壊してしまった。そして、第三期のモデルがどのようなものになるのかは未《いま》だ不透明なままなのです」

金融界の新たなトレンドがどのようなものになるのか、そして、それに闇《やみ》勢力がどう呼応していくのか、じっくりと見据える必要があるだろう。

外資と闇勢力の本格的な連携も

話を外資と闇勢力に戻そう。筆者にとって予想外だったのは、いつの間にか両者の間に前述したような一定の共生関係が構築されていたことだ。マネーロンダリングというものの特性を考えれば、当然と言えば当然なのかもしれない。しかし、一九九〇年代初めに米国を中心とした外資系金融機関や投資ファンドなどが日本市場へ攻勢をかけてきた時には、相当の警戒感を露《あら》わにしていたものだった。

当時、ＦＢＩやＣＩＡなどのＯＢが数多く在籍する米国の危機管理会社が日本に本格的に進出してきて、暴力団の動向など闇社会の情報の収集と提供、さらに闇勢力への対応のノウハウを提供することを業務の大きな柱として活動を開始した。

この頃、外資の日本進出の大きな目的の一つは、バブル崩壊後に不良債権化した不動産などの資産を買い叩《たた》いたり、有望な技術を持ちながら株式市場の混乱によって経営不振に陥った企業を買収することだった。その際に、不動産や企業が暴力団と何らかの関わりを持っていた場合、彼らのビジネスのスケジュールは大きく狂ってしまう。せっかく手に入れた資産が、塩漬けになってしまう可能性すらある。こうした事態を回避するために、危機管理会社の手腕は大いに期待された。

「しかし結局、ＦＢＩやＣＩＡなど役人時代のツテを辿《たど》って日本側のカウンターパートである警察庁や公安調査庁に当たっても、型通りの情報が入ってくるばかりで、あまり実用性はなかったようです」（外交問題に詳しいジャーナリスト）

本当に有用な情報は警察でも現場レベルが握っているものだが、大使館をはじめとする表のルートに頼ったことが、かえって仇《あだ》となってそこまで辿り着けなかったようだ。もっとも、当時はすでにいわゆる暴対法が施行されようとしていた頃であるから、それ以前のように詳細な暴力団情報は警察でも摑《つか》みづらくなっていた。

いずれにせよ、さしもの「ハゲタカ」も闇勢力に対してはかなり手を焼いていたことだけは間違いない。第二章でも述べたことだが、バブル時代を象徴するようないわくつきの不動産を手に入れながら、結局、賃借や権利関係の整理をしきれずに日本の新興不動産会社に転売した例が目につく。バルクで買い叩いたものからは利益を出せても、それを開発してさらに価値の高いものにすることは彼らのノウハウとテクニックをもってしてもそう容易なことではなかったようだ。

前述したスルガコーポレーションの例からも明らかなことだが、手っ取り早く地上げをするためには、どうしても闇勢力に頼らざるを得ない。逆にテナントや権利関係者に闇勢力が関わっていることも少なくなかったに違いない。

コンプライアンスを重視する立場から、これまで外資は闇勢力とのかかわりを極力避けてきていたが、それは同時に不動産分野においてビジネスの間口を狭めてしまうことをも意味していた。

もちろん、日本の不動産会社や投資ファンドだって自らがおおっぴらに闇勢力と関わることはない。しかし、ここ数年の不動産ブームの中で、スルガコーポレーションのような新興の不動産会社が闇勢力がらみの地上げ屋を使って不動産を整理し、その物件が何度か転売されるうちに大手不動産会社の大規模再開発計画に吸い込まれていくというようなスキームが暗黙のうちに確立されているのも、また事実なのだ。

そして、注目すべきは最近、外資系の金融マンなどから次のような声が聞かれることだ。

「スルガみたいな便利な会社があるのを知っていたら、われわれも是非活用したかった」

この発言の主は、もちろん黒い目の外資だが、別に皮肉や冗談でこんなことを言っているわけではない。

一部の外資のプライベートバンカーたちは、闇勢力を顧客としてきっちり囲い込んでいる状況があることはすでに述べたが、ここへ来てさらに不動産投資の分野でも闇勢力のファクターを排除するのではなく、それを計算した上で投資が行なわれるようになっているのである。

たとえば、こんなケースがあった。東京副都心の繁華街に遊興施設の入る築四十年ほどの老朽化したビルがあるのだが、長年そのビルを所有していたオーナーが事業に行き詰まって、数年前に所有権を外資系ファンドに売り渡した。ところが、このビルは建築基準法や消防法に違反している上に、テナントには暴力団系の飲食店も入っているという問題物件だったのである。にもかかわらず、その外資は立地条件の良さだけに目をつけ、このビルを証券化してREITに組み入れたというのだ。

「暴力団系の飲食店とはいっても、結構はやっているのでテナント料が滞ることはないし、外資もいまや暴力団のファクターを念頭に置いた上で、資産査定さえキチンとしていれば問題ないというスタンスに変わってきています」（不動産会社幹部）

外資系ファンドとしては、最終的にはこの物件を更地にした上で再開発を目論《もくろ》んでいるのだろうが、その際にもこれまでのように闇勢力には関わらないというスタンスではなくて、話し合いのテーブルを用意し、そこである程度の交渉には応じると見られる。

こうした状況は、外資の日本化、土着化とも捉《とら》えられる。ただし、マネーロンダリングや投資指南においては、違法スレスレの脱法行為により闇勢力と共存関係を築き上げたことを考えれば、不動産投資やM&Aの分野でも同じような状況が出現するというのも、あながち絵空事とは言えないのである。

それでも止まらない「ヤクザ資本主義」の伸張
——あとがきにかえて——

ミニバブル崩壊〝宴《うたげ》の後〟

「坪単価六〇〇〇万円で買い付けた土地が、現時点で完全に塩漬け状態になっている。ここへ来ての景気後退も重なって、しばらくの間この物件を開発するのはまず不可能だろう」

大手銀行の銀座支店長がこう唸《うな》った。第二章で言及した東京・銀座八丁目の一角の五〇坪ほどの土地を二〇〇八年の夏の初め頃に訪れたところ、コインパーキングと化していたので、事情を聞いて回ると、そんな答えが返ってきたのだった。

前述した通り、この土地の現在の所有者は東証一部上場の新興不動産関連会社だが、他の不動産会社や関西の不動産ブローカーまでが加わって獲得合戦を繰り広げた結果、〇七年夏にその新興不動産関連会社が取得したときの価格は坪六〇〇〇万円、トータルで三〇億円強にまで吊《つ》り上げられた。

銀座とはいえ、表通りからは一本入った路地に面している上、五〇坪強という狭さでは開発するにも限界がある。

「ビジネスとして考えた場合、坪取得単価六〇〇〇万円ではこの土地にどんなビルを建てようと絶対にペイしない」（前出の銀座支店長）

そして、前述の新興不動産関連会社は、こうした物件を多数抱え込んでいるのだという。

そもそも、こうした類《たぐい》の物件は最終的にはＲＥＩＴに組み込むために取得したものだとみられるが、ＲＥＩＴバブルの崩壊を受けて、行き場がなくなってしまったようなのだ。

実際、この新興不動産関連会社にも、最近になってオリックスが支援に乗り出している。本書でも述べた通り「和製ハゲタカ」といわれるオリックスは、この局面でも活発な動きを見せているのである。

さらに日本経済が景気後退局面に入って来たことで、中小規模物件を中心に都心の一等地においても不動産市場自体が低迷を余儀なくされることになるだろう。

「しかも各金融機関とも、不動産関連融資に対しては極めて慎重なスタンスになっていますから、不動産会社サイドは資金繰りの面で厳しい局面に立たされていると言っていいでしょう」（メガバンク幹部）

こうしたコメントを裏付けるように、〇八年春以降、新興不動産・建設会社の倒産が相次いでいる。

四月にはケイアール不動産、五月にはスカイエステート、六月に入ってケイ・エス・シーとスルガコーポレーション。七月にはゼファーが経営破綻《はたん》。また、かつてはテレビ局を上回る高給で知られた不動産投資会社ダヴィンチの株価も七月に一時ストップ安をつけるなど、逆風が続いている。さらに、まえがきでも述べた通り、八月には東証一部上場のアーバンコーポレイションが経営破綻。負債総額は二五五八億円にも達し、〇八年最大規模の倒産となった。

これらの一連の破綻劇の中でも、特筆すべき存在はスルガコーポレーションだ。同社は第二章でも取り上げた通り、暴力団が関係する企業を使って地上げをしていたことが発覚したことがきっかけとなり、メーンバンクだったみずほ銀行をはじめとする融資を止められ、経営状態が急激に悪化。結局、破綻に追い込まれたのだった。

この点についてみずほ銀行は、「下請けの会社数社が反社会的勢力と関係を持っているとして、スルガ社に対して数回にわたって取引関係を解消するよう求めてきた」（みずほ銀行幹部）と説明する。

しかし、スルガ社と金融機関の関係については、次のような見方もある。

「結局、銀行は事件が表沙汰《おもてざた》になるまでスルガ社への融資を続けたのだから、どこまで本気で反社会的勢力を排除しようとしていたのかは疑問です。そもそも、銀行サイドから指摘されるまで、光誉実業など地上げの実働部隊だった会社が暴力団絡《がら》みの企業だと気がつかなかったというスルガ社サイドの説明にしても、あまりにも不自然です。

スルガ社は最初から暴力団絡みの企業だと分かっていて地上げに使っていたし、銀行もそれを事実上、黙認する形で融資を続けていたと見られても仕方がないのではないでしょうか。都心部のミニ不動産バブルが膨らんでいるときは、資金をドンドン貸し込んで利益を上げて、風向きが変わったらさっさと資金を引き揚げて使い捨てる。そういうやり方はかつてのバブル時代と大差ありません」（不動産会社役員）

その意味ではここ数年間は、小谷光浩氏や許永中受刑者など表経済と闇《やみ》社会の境界線上のバブル紳士達が跋扈《ばっこ》して、金融機関から巨額の資金が引き出されて暴力団など

急速な資金繰り悪化でアーバンコーポレイションは倒産。記者会見で房園社長(右)は引責辞任を表明した　(写真提供・毎日新聞社)

の反社会的組織に吸い込まれていったバブル時代と同様の構図が展開していたといっても過言ではない。まさに「喉元《のどもと》過ぎれば熱さ忘れる」と言うべきだろうか。

メガバンクをはじめとする金融機関は、バブル時代とその後の「失われた十年」の苦い経験から何の教訓も得ていないのか、それとも、そもそも学習能力がないのか——、そんな疑問すら浮かんでくる。

不動産・建設業界では、さらに闇社会との黒い噂《うわさ》を囁《ささや》かれているいくつかのデベロッパーの経営状態に関して危機説が流されているものの、今のところ、不動産価格の下落によりかつてのように不良債権問題が深刻化するという状況にはない。これまで経営破綻した新興不動産・建設企業の大半は負債総額数百億円レベルに留まっており、まだまだ、銀行経営の根幹を揺るがすような状況には至っていないのである。

それより、筆者が問題にしたいのは、前述した銀行マンたちの性懲《しょうこ》りのなさだということを、今一度強調しておきたい。

闇勢力への逆風

一方、視点を闇社会に移すと、不動産ミニバブルの崩壊は、彼らにも大きな影響を与えることになったに違いない。

暴力団の息がかかった企業による地上げが闇社会の大きな収入源になってきたばかりではなく、銀座や赤坂などの一等地では中小規模の不動産を狙《ねら》って暴力団の資金が入った不動産ブローカーが積極的にビジネスを展開していたという。高騰《こうとう》を続ける一等地の不動産自体が、暴力団マネーなど闇社会の資金の投資先となっていたのである。

しかし、不動産価格が下落し始めたことにより、闇社会は地上げなどによるシノギと有望な投資先を一挙に失うことになった。

さらに、株式市場の低迷も大きなダメージとなっているとみられる。特に一時は一部のベンチャー投資家や闇勢力との関係が取りざたされるような仕手筋の〝財布〟と化していた新興市場は、二〇〇六年一月に発覚したライブドア事件直後の大暴落以降、一般投資家から敬遠されるようになり、低調な取引が続いている。さらに、金融当局の監視強化も相まって、インサイダー取引や仕手戦なども仕掛けにくい状況だ。

また、ＩＰＯ（新規株式公開）ブームといわれた頃には、暴力団の資金などアングラマネーの入り込んだ企業が公開基準が極めて緩い新興市場に上場され、闇勢力が巨額の資金を獲得するということもあった。しかし、ＩＰＯの件数は〇六年をピークに〇七年以降激減しており、こうした錬金術ももはや過去のものになろうとしている。

ただし忘れてはならないのは、新興市場の低迷にしても、ＩＰＯの激減にしても、闇勢力に対してばかりではなく、日本経済全体にとってもマイナスの影響をもたらしているということだ。要するに脱法行為がまかり通っていた新興市場が投資家から見放された上に、サブプライムローン問題の深刻化に端を発した景気後退が重なっているというわけで、とても手放しで喜べる話ではない。

いずれにせよ、株式市場を〝活用〟したシノギも先細って行かざるを得ない。のみならず、警察の取締強化や景気の低迷により、暴力団など闇勢力が民間企業を様々な手練手管で脅して資金を獲得するのも次第に困難になってきている。

そんな中で、さらに追い打ちをかける形で「改正暴力団対策法（改正暴対法）」が〇八年八月一日から施行された。暴力を背景として地方自治体などに脅迫や不当な要求を行なう、いわゆる「行政対象暴力」を徹底的に規制したこの法律により、暴力団は公共事業に関連する利権から完全に閉め出されることになる。

これまでも、暴力団排除要綱や条例によって、暴力団の関わる企業を公共事業の入札から排除してきたが、改正暴対法によりこうした姿勢はさらに徹底されることとなった。

今回の改正には、〇七年四月に起こった長崎市長銃撃事件が大きな影響を与えたといわれている。伊藤一長《いとういっちょう》市長を射殺した犯人の男は山口組系暴力団の幹部で、公共事業入札に関するトラブルで長崎市を逆恨みして、犯行を企てた。

また、〇一年十月には栃木県鹿沼《かぬま》市でゴミ処理行政を巡るトラブルが原因となって、市役所の職員が暴力団員に殺害されるなど、ここ数年、行政対象暴力が後を絶たなかった。

改正暴対法がこうした状況をどの程度改善するかは今のところ未知数だが、警察など司法当局が暴力団を取り締まる上で大きな武器を得たことは間違いない。

景気後退にもかかわらず

景気の後退で民間企業から利益を吸い上げにくくなり、さりとて、公共事業にたかることもできない。さらに、余剰資金を投資しようにも、不動産も株式も市場が低迷し、容易に利益を上げられそうもない。

さしもの闇勢力も、これで経済的にはかなり追い詰められることになるのかといえば、残念ながらそう簡単にはいきそうもない、というのが筆者の見解だ。

そもそも、景気や市場の低迷で地上げや仕手戦などがやりにくくなったからといっても、暴力団のシノギがヤミ金融や売春、麻薬売買、裏カジノなどかつて主流だったビジネスに〝先祖返り〟するわけではない。一般世間が抱いているイメージとは異なって、こうしたストレートにイリーガルなビジネスは、暴力団の資金獲得源としては次第にマイナーな存在になってきているのである。

ビジネス自体が違法であるため、すぐに取締の対象となって長続きしないし、大規模な摘発を受ければ、組織自体が壊滅的な打撃を被《こうむ》る危険性も高い。そのため、複数の暴力団によりピラミッド状に構成された末端の組織が、警察が取締に動くまでの期間、限定的にいわば〝ヒット・アンド・アウェー〟という形で、ある程度の資金を稼いではビジネスを畳んで、また、ほとぼりが冷めた頃に再開するという形が一般的になっているようだ。

一方、一九九〇年代中盤以降、この十数年ほどの間に暴力団の表経済への進出は相当なレベルまで進んできている。

かつては暴力団系企業といえば、事務所の雰囲気からして違っていたものだが、現在では少なくとも表向きは一般企業とほとんど見分けがつかないようになっている。その企業に暴力団がかかわっていることを、ほんの一部の経営陣しか知らないというケースすら珍しくないというのは、本書で述べてきた通りだ。

さらに、暴力団系企業の進出分野も多種多様となり、おおよそ暴力団と関わりがないと思われるような、たとえば、美容関係だとか健康器具販売の分野にまでテリトリーを広げているという情報もある。そして、いまやこうした表のビジネスからのあがりが、暴力団など闇勢力の大きな収入源となってきているのである。

表のビジネス自体は法律に則《のっと》って行なわれているとしても、そこから合法的かつ安定的に得られる収益が、暴力団の反社会的活動を支える資金源となることを考えれば、これは、相当深刻な問題だといえるだろう。

さらに、〇八年九月には米国の大手投資銀行リーマン・ブラザーズが経営破綻。サブプライムローン問題の深刻化が引き金を引く形で、日米同時不況がいよいよ本格化しそうな雰囲気となっているが、不況というのは暴力団など闇勢力にとっては、大きなビジネスチャンスにもなりうる。

多くの場合、闇勢力は経営陣の内紛や経営状態の極端な悪化による資金不足などに乗じて企業に食い込んでくるものだが、不況期にはこうしたことが起きやすくなる。そして、一旦《いったん》企業に取りつけば、僅《わず》かに残った資産を売り払ったり手形を振り出させたり、様々な方法で食い尽くすのである。

一方、不良債権化した不動産も闇勢力にとっては大いに狙い目となる。特に銀行などの大手金融機関ばかりではなく、金融ブローカーなど複数の業者が絡んだ物件では抵当権をめぐるトラブルが発生することも考えられるから、つけいる隙《すき》ができる。

また、差し押さえ前の所有者から賃借権を手に入れ、それを盾に不動産に居座り法外な立《た》ち退《の》き料を求めるというようなやり方も、バブル崩壊後にはしばしば見られた。現在では暴対法により露骨には出来ないだろうが、暴力団系企業による地上げが復活していることを考えれば、今回のミニ土地バブルの崩壊局面で占有ビジネスが息を吹き返してもおかしくはないだろう。

第四章でも述べた通り、ここ数年、バブル崩壊以降の不良債権処理にようやくメドをつけたメガバンクなどの金融機関は、中小企業融資に積極的に乗り出していたのだが、審査システムの脆弱《ぜいじゃく》さにつけ込まれ、各行とも多額の焦《こ》げ付き、さらには融資に絡んだ巨額詐欺《さぎ》事件に巻き込まれてしまった。景気が後退していく中で「羹《あつもの》に懲りて膾《なます》を吹く」という諺《ことわざ》を地でいく形で、再び貸し渋りに転じ始めているという。そんな中で、多くの中小企業はより金利の高い「商工ローン」などからの融資に頼らざるを得ない状況となっている。

だが、一部のIT関連の中小企業、さらにベンチャー起業家の中には、怖いもの知らずというべきか、暴力団系の金融から資金を借り入れる者も少なからず存在するという。〝融資〟の際にはベンチャー企業の株券も担保の一部となる。いわゆる「エンジェル」の役割を闇勢力が担《にな》っているのである。中小企業融資の巨額の焦げ付きといい、相変わらずリスクを適切に算定できない、日本の金融機関の弱点が露呈する形となっている。

もし、再び新興株式市場が盛り上がりＩＰＯバブルのような状況となれば、一攫千金《いっかくせんきん》というべき巨額の資金が闇社会に流れ込むことになる。また、投資した企業が順調に成長していけば、そこから安定的に利益を得られるのと同時に、その企業を実質的に支配することもできる。株式ばかりではなく、暴力団系金融と関係を持っていたという〝弱み〟も握られているので、経営者は言うことを聞かざるを得ないのである。

これまでも数社の比較的名前の知られたベンチャー企業に関して暴力団が出資しているのではないかという噂はあったが、景気後退が進む中で新たに暴力団に蝕《むしば》まれたベンチャー企業が増えていくことが懸念《けねん》される。

すでにホットマネーと化した暴力団マネー

次に暴力団マネーについて、いくつかの観点から考えてみたい。

すでに述べた通り、そもそも、広域暴力団は一次団体の親分を頂点として二次団体、三次団体、四次団体とピラミッド状にいくつもの組織が集まって構成されている。そして、下位の団体はそれぞれ上位の団体へ毎月数十万円から百万円程度の上納金を納めることになっている。それればかりではなく、祝儀《しゅうぎ》や香典など様々な名目でも徴収される。

その結果、慢性的に資金不足に苦しむ下位団体を尻目《しりめ》に、大規模な暴力団の一次団体ともなれば毎月数億円単位の資金が入ってくる。このように「弱肉強食」「優勝劣敗」という原理・原則が、内部的に貫徹されているのが暴力団組織の大きな特徴だといえよう。

ただし、こうして暴力団の上部団体に集められた巨額の資金は、そのままでは表に出せない。派手に遣えば、たちまち司法・税務当局などに察知され、摘発される可能性が高い。そのため、マネーロンダリングにより、資金の出所を分からなくする必要がある。

その際に大いに役立つのが、「黒い目の外資」と呼ばれるプライベートバンカーたちだというのは、第五章で述べた通りだ。

また、現在の金融界で主流となっているファンドの組成や証券化のためのSPC（特定目的会社）を駆使した様々な投資活動自体が、匿名性《とくめいせい》を大きな特徴としていることもあって、暴力団マネーには格好の隠れ蓑《みの》となりかねない。さらに、最新の金融工学のテクニックを用いてデリバティブを利《き》かせることで、匿名化された暴力団マネーは何倍にも増幅される。

こうした資金が、前述した山口組旧五菱会系のヤミ金融グループによるマネロン事件で見られたような手法により海外に持ち出され、タックスヘイブンを絡《から》めることで、極めてトレースしづらくなるのだ。

規制や税金を逃れた巨額の資金が、ものすごいスピードで世界中を駆け巡っているというのが近年の「ファンド資本主義」の大きな特徴だが、闇《やみ》勢力の共生者となった金融マンたちの協力により、暴力団マネーも完全にその流れに乗っかった形となっている。

そして、海外の秘密口座に隠された暴力団マネーの大部分も、さらなる投資先を求めてホットマネーとして世界中を駆け巡ることになるのである。

すでにこの種の暴力団マネーが中国やインドなどを中心とする経済成長著しい新興国に相当規模で流入していることは、常識となっている。

現在、サブプライムローン問題の深刻化により、投資先を失ったいわゆる投機マネーが、石油をはじめとする資源や食料の市場に大量に流れ込み、その結果、資源や食料の高騰を招いて世界を混乱させているとして、大きな問題となっている。

いわゆる、投機マネーの実態は中東やロシアなどの産油国の資金や中国やインドなど経済発展のめざましい新興工業国の余剰資金だといわれているが、実は日本発の資金も相当額含まれているのである。

長年にわたって低金利が続く日本を嫌って、ここ数年日本では外貨建てで預金をするという「円キャリートレード」がブームになってきた。少しでも金利を稼ぎたいという庶民の知恵がこうしたブームを生み出したともいわれているが、たまりにたまって数兆円規模になったこうした資金が、投機マネーの一翼を担っているというのだ。これに対して、すでに、海外からは日本の円キャリートレードに対しても、抑制を求める声が上がっているという。

近い将来、同様のことが暴力団マネーに関しても起こるかもしれない。いや、もうすでに海外の関係当局からはそうした声があがりはじめているのが現実なのである。

暴力団マネーなどを含め、日本の闇経済は二十兆円規模といわれるが、そのうちの数パーセントが海外に出て行ったとしても、数年で数兆円規模となる計算だ。

こうした巨額の資金が投機マネーとして暴れ始めれば、「ヤクザマネーを何とかしてくれ」と海外から日本に対して非難の矛先を向けられるというのも、あながち絵空事ではない状況なのである。

こうしたことを考えていくと、暴力団マネーのどの部分がブラックなのか、グレーなのか、ホワイトなのかと、区別すること自体がもはやナンセンスなのかもしれない。犯罪の収益などもろにイリーガルなマネーですら容易にグレーな資金に見せかけられるし、たとえばそれを投資ファンドに回して、課税など一定の処置を経ればきれいなお金、すなわちホワイトマネーに変わってしまうのである。

問題の本質は、莫大《ばくだい》な金額に膨れあがった暴力団マネーが、金融ノウハウやテクニックにより、変幻自在に姿を変えてしまうことにある。その一局面を捉《とら》えて、イリーガルな資金を炙《あぶ》り出し、それを取り締まるという次元に留まっている限りは、問題の核心には迫れないと筆者は考えている。

二〇〇八年九月

須田慎一郎

まだまだ終わらない「ブラックマネー」の増殖
――文庫版あとがきにかえて――

不況はむしろチャンス

二〇〇八年九月、米国で大手投資銀行リーマン・ブラザーズが経営破綻《はたん》。米国の金融不安は経済危機となって瞬《また》く間に世界中を覆い尽くした。その深刻さは一九二九年の世界大恐慌に匹敵するとして、一時は「百年に一度の危機」とまでいわれたが、危機の勃発《ぼっぱつ》から一年半以上を経た今にして思えば、それはやや誇張された表現だったようにも思える。

それでも、この「リーマン・ショック」により、一時は世界の株式市場の時価総額は一六〇〇兆円も減った。その後、〇九年後半以降は各国政府の積極的な財政出動や中国に代表される新興国の経済成長により、世界的に見れば景気は上向きとなり、多くの市場で株価は、ほぼリーマン以前の水準にまで回復していた。しかし、そうした流れから取り残されているのが日本の株式市場なのである。

一方、土地に目を移せば、もともと、リーマン以前数年間の不動産需要は、世界的な水準から見れば割安となっていた日本の不動産を狙《ねら》った外資によって支えられていた。そのため、世界経済危機による金融収縮のあおりを受けて不動産需要は激減、大都市圏の商業地を中心に地価は下落し続けている。特に注目すべきは、銀座に代表される都心部の一等地の下落幅が著しいことだ。

単行本版『ブラックマネー――「20兆円闇《やみ》経済」が日本を蝕《むしば》む』を上梓《じょうし》したのは、世界経済危機が深刻化していた〇八年十月のことだった。書籍の場合、執筆と刊行には二、三カ月程度のギャップがあるため残念ながら単行本版には、リーマン・ショックが闇社会にどのような影響を与えたかについて、あまり深く触れることはできなかった。

それを補完する意味で、この「文庫版あとがき」では、〇八年九月以降のブラックマネーの動向について触れておきたい。

本書で述べてきたように、今や闇勢力は新興市場を中心とした株式市場や都心部の大規模再開発、さらにＲＥＩＴ（不動産投資信託）を組成するための土地取引など、様々な経済活動分野を浸食するようになっている。

そのため、彼ら闇勢力も一般企業や投資家と同様に、株価や土地の大暴落の影響を受けることになる。

ただし、不況という経済環境は、必ずしも彼らにとって悪いばかりではない。債務の取り立てや不良債権化した不動産の占有、さらに銀行の貸し渋りが起これば違法なヤミ金融など、旧来のビジネスを展開するチャンスが増えるからだ。

シャブリ尽くされた老舗《しにせ》旅館

二〇一〇年五月、最近のブラックマネーの動向に関わる興味深い事件が摘発された。新聞・テレビでも大々的に報道されたので、ご存知の読者も多いと思う。

その事件とは、東日本を代表する温泉地、熱海を拠点とする岡本ホテルグループの会員制リゾートクラブ「岡本倶楽部」が、出資法違反容疑で警視庁などの捜索を受けたものだ。

岡本倶楽部は、入会費として百万円から一千万円を預けるとグループが保有する全国十一カ所の温泉地のホテルを割引価格で利用でき、さらに、出資額に応じて年間八万円から百八十万円分の宿泊券を支給。未使用の宿泊券は額面の六割から九割程度で倶楽部側に買い取られる上、五年後には入会費の八割から九割程度は預託金として返済されるシステムとなっていた。〇五年頃から会員を募り始め、約七千人から二百億円以上の資金を集めたと言われているが、〇九年夏頃から宿泊券の買い取りや預託金の払い戻しが滞り始め、会員とトラブルになっていた。

注目すべきは、この事件の背後には、闇勢力の影が見え隠れすることだ。

話は十年ほど前にさかのぼる。当時、熱海では老舗と言われた岡本ホテルは、バブル時代の経営拡大の失敗により、数十億円もの負債を抱え経営危機に陥っていた。そこに、経営コンサルタントと称する人物などが乗り込んできたのだが、それが元暴力団関係者だったのだ。この時期の前後、外資系のハゲタカファンドが老舗旅館やホテルを買い叩《たた》いているとして話題になっていたが、岡本ホテルの場合はどうやら闇勢力に飲み込まれてしまったようだ。

その後、それまで昔ながらの格式で知られたホテルの雰囲気は一変する。宴会で女性コンパニオンが接待するパック旅行を売り出して大衆化を図ったといえば聞こえがいいが、実際には「コンパニオンたちの露骨なピンクサービスが売りだった」（警察関係者）という。

また、ホテルの修繕費用どころか、宿泊客に出す食事の材料費まで支払いを渋る状況が続き、「地元では曰《いわ》く付きのホテルとなっていた」(前出同)。

さらに、岡本倶楽部の集めた資金から、相当額が闇勢力へ流れたものと見られている。この点について、前出の警察関係者は次のように語る。

「我々の得ている情報では、背後に存在するのは広域暴力団の中心を担《にな》っている組だということです」

前述した通り、岡本ホテルを舞台とした今回の事件の端緒は十年ほど前のことだが、経営危機に陥ったホテルを乗っ取ってシャブリ尽くすというやり方は、今の日本の経済状況下でも、十分〝活用〟できるものだろう。

注目すべき日本振興銀行の「闇」

経済危機による金融収縮で一番影響を受けるのは中小企業である。いわゆる「貸し渋り」や「貸し剥《は》がし」により資金不足に追い込まれるからだ。こうした状況の解消を目指して〇四年に中小企業融資専門の銀行として設立されたのが、日本振興銀行だった。

リーマン・ショック後の景気低迷が続く中、今こそ同行の本領を発揮すべき時なのだろうが、ここへ来て何やら様子が変だ。

一〇年五月二十七日、金融庁は日本振興銀行に対して、業務改善命令と、一億円を超える新規大口融資や債権買い取り業務の約四カ月停止などを柱とする業務停止命令を出した。七項目に及ぶ「重大な法令違反」があったというのがその理由だった。

金融関係者が特に注目しているのは、この七項目の中に「出資法違反の疑い」「優越的地位の濫用」などと並んで、「検査忌避」が盛り込まれていたことだ。

「日本振興銀行に対しては、〇九年六月から一〇年三月にかけて金融庁の検査が実施されているが、検査忌避はこの中であった」（金融庁関係者）

この検査忌避は、銀行法に違反する行為で、悪質なケースでは刑事罰の対象となる。今回、金融庁は同行の刑事告発に踏み切った。これを受けて警視庁捜査二課は六月十一日、同行本社など関係先数十カ所に対する強制捜査に乗り出した。

同行の会長は、小泉純一郎政権下で竹中平蔵金融担当相（当時）の懐刀《ふところがたな》として活躍した金融コンサルタントの木村剛《たけし》氏が務めていたことはよく知られている。木村氏は、金融庁による処分が発表される以前に同行の経営責任を取る形で辞任したが、それで追及の手が緩まることはなかった。

日本振興銀行の強制捜査に入る警視庁捜査員。東京地検特捜部も〝金融のプロ〟の違法行為を注視している　（写真提供・毎日新聞社）

そしてこのガサ入れからわずか一カ月後、警視庁捜査二課は七月十四日、同行の前会長、木村剛ら計五人を銀行法違反（検査忌避）容疑での逮捕に踏み切った。直接の逮捕容疑となったのは、金融庁が同行のリスク管理状況などを調べることを目的に検査を実施した際に、サーバーに保管されていた約二百八十件の電子メールを意図的に削除するなどして、検査を妨害したことだ。

「そもそもこの検査妨害に関して言えば、木村前会長が主導する形で行なわれたことだ」（捜査関係者）

それにしてもなぜ、〝金融のプロ〟を自称する木村前会長が、これほどまでにあからさまな、そして単純きわまりない違法行為に手を染めてしまったのだろうか。

「木村前会長にとってみれば、違法行為をしてでも、何が何でも隠しておかねばならなかった〝秘密〟があったとみていい。迂回《うかい》融資、情実融資、見せかけ増資……。はっきり言って日本振興銀行は、違法行為のデパートだった」（前述の捜査関係者）

とりあえず捜査の先陣を切ったのは、警視庁捜査二課という格好になったが、その背後には東京地検特捜部が控えていることは間違いない。

そもそも、日本振興銀行をめぐる一連の疑惑に対しては、かなり早い段階から東京地検特捜部が内偵調査に着手していた。もっと言えば、金融庁は特捜部と密に連絡を取り合い、万全の態勢で刑事告発に踏み切ったと言っていい。

「日本振興銀行にはヤバイ筋の金も入っているようだし、融資についても情実的なものがいくつもある。特に特捜部は、あるブラック企業に対する迂回融資の線を洗っているようですが……。いずれにしても、なぜ検査忌避行為に手を染めたのか、何を金融庁から隠したかったのか、そのあたりを追及するだけでもいろいろと出てくるはずです」（東京地検関係者）

もっとも当面は、警視庁が前面に出る形で捜査は進展していくものと思われるが、いずれ東京地検特捜部が乗り出してくる展開になるだろう。

ある広域暴力団のフロント企業と目される、不動産関連企業の社長が言う。

「はっきり言って木村（前会長）にはいろいろと便宜を図ってやった……。もっともむこうも、少なくないカネを回してくれたが。いったんこうした持ちつ持たれつの関係になったら、もう逃げられないし、われわれも逃がしはしない。木村は自分では『金融のプロ』だと思っていたらしいが、われわれから見たらまったくのシロウト。日本振興銀行からはいくらでもカネを引き出せた」

もし、本当に中小企業融資に関わる金融機関がブラックマネーに汚染されていたとすれば、これは大きな問題だと言わざるを得ない。徹底的な真相の解明を期待したい。

ネット空間へも侵出するブラックマネー

一方、現実社会の不況を尻目《しりめ》に、好調に業績を伸ばしているのはインターネットの世界である。経済産業省によれば、日本の企業から消費者へのいわゆる「ＢｔｏＣ」と呼ばれる電子商取引は、〇六年に四兆四千億円、〇七年には五兆三千億円だったものが、〇八年には六兆一千億円に達した。前年比約一四％の伸びである。この勢いは現在でも衰えていないものと見られる。ちなみにコンビニ業界の年間売上げは〇九年に七兆九千億円（前年比〇・六％増）、同年の百貨店業界の売上げが六兆六千億円（前年比一〇％減）だったことを考えれば、ネット市場の規模と成長の早さが分かるだろう。

このように日本でも、コンビニで買い物をするように、ネット上でお金を使うのが当たり前になっている。こうした状況を闇勢力が見逃すはずはない。実際、既に様々な〝ビジネス〟がネット上で展開されている。

例えば、インターネット上のオンラインカジノである。多くの場合、海外のカジノサイトを利用している上に、海外に開設した銀行口座などを活用しているため資金の流れが摑《つか》みにくく、半ば野放し状態になっていた。

ここ数年、客にオンラインカジノで遊ばせて、賭《か》け金や配当金のやりとりをしていたネットカフェが相次いで摘発されたが、こうしたネットカフェの背後には暴力団が存在していると見られる。また、オンラインカジノ自体にも闇勢力と関わりのあるものが少なからず存在している。

さらに、オンラインカジノがマルチ商法の材料として使われることもある。つまり、カジノの客となる会員を集めてくれれば、それに応じて報酬が支払われるというものだ。

親会員から子会員、孫会員と階層式にすることで、マルチ商法と同じ構造ができあがるわけであるが、こうしたビジネスも暴力団の資金源となっている可能性が高い。

一〇年四月に架空の投資話で約百億円を集めた東京都内のゲームソフト会社が出資法違反容疑で摘発されたが、これもマルチ商法的な色彩の強い事件だった。

〇五年に設立されたこの会社は、携帯電話向けのゲームソフトを有名ゲームクリエイターに依頼して開発するとして出資者を募ったが、投資をして会員となった出資者が新たな出資者を紹介すると配当金が増える仕組みになっていた。新会員には会社紹介のDVDまで渡して新たな会員を勧誘させた〝営業努力〟が、百億円もの資金を集める原動力となったようだ。特に愛知県で被害者が多かったこともあり、この事件に関しては地元の暴力団との関連が囁《ささや》かれている。流行の携帯電話ゲームに目をつける辺りには、抜け目のなさを感じる。

不動産売買という「手探りゲーム」

もちろん、リーマン・ショックから一年半以上が過ぎ、地上げや不動産仲介など土地に絡《から》むビジネスも復活し始めている。

すでに述べたことだが、REITに関していえば、値動きと分配金をベースに算出される「東証REIT指数」を見ても、リーマン以前にかなり痛んでいた。〇七年五月に約二六〇〇の最高値をつけた後はじりじりと下がり続けていたものが、リーマンを引き金とした世界経済危機で一気に八〇〇以下にまで落ち込んだ。その後、一時的に回復して一〇〇〇を超える局面もあったが、一〇年春の段階で、だいたい九〇〇前後をウロウロしている状況だ。

要するに多くのREIT購入者はリーマン以前から高値でつかまされた状況となっており、塩漬けにされていた可能性が高いと言えるのだ。しかし、現在の経済状況では、もはやかつての二〇〇〇を超える高値など望むべくもないとなれば、損を出してでも売り払いたいという投資家も増えてくる。そうなればファンド側でも、REITを組成する不動産を取り崩して売却し、こうした要望に備えなければならない。

こういう事情があって、このところREITを組成している不動産の中でも比較的買い手がつきやすい優良物件の売却が、水面下で模索されているのである。

一方、三大都市圏の商業地で不動産価格が下がってきたことで、値上がりを見込んだ投機的な取引ではなく、家賃収入やテナント料などの収益をベースとして適切な利回りを得られるいわゆる「収益物件」を求める動きも広がっている。

特に外資が積極的にこのような物件を求めているのだというが、ここで問題なのは、〇三年頃から始まったREITブームの中で、東京以外の大都市圏においても、一等地の優良物件の多くが東京の資本や東京に拠点を置くファンドの所有となっていることだ。

つまり、大阪でいい物件を探そうとして地元の不動産業者などにあたっても、所有者が東京では、うまく仲介ができないというわけだ。

とは言っても、外資系の有名ファンドや大手投資銀行があるエリアの土地や不動産を買いたがっているという話が広まるだけで、価格をつり上げてしまう可能性がある。そのため、あまりやみくもに買いたい、買いたいと尋ねて歩くわけにもいかない。

一方、不動産を売る側にも事情がある。たとえばあるＲＥＩＴを組成している優良物件が売りに出されているということが噂《うわさ》になってしまえば、そのＲＥＩＴを保有している投資家が売却を考えるかもしれない。そういう動きが連動していけば、さらにＲＥＩＴの値を下げてしまうことになる。従って、あまり大っぴらに売りに出しているとは言えないのである。

こうして売り手も買い手も自らの素性を明らかにしたがらない中で、それぞれが自分の知り合いから始めて、新たな不動産人脈を開拓しながら、手探りで取引相手を探すという状況になっている。そして、ここに闇勢力がつけ込む隙《すき》ができるのである。「売買交渉自体が水面下で進むため、仮に怪しげな不動産ブローカーが絡んだとしても、客観的な比較対象に乏しく、なかなか正体を見抜くことが難しい」（大手不動産会社関係者）というのだ。

筆者自身の経験でも、次のようなことがあった。

ある外資が、担保となっていた東京近郊の商業施設を、リーマン・ショックの後で売却しようとしたのだが、他の債権者やテナントなどとのトラブルで話が宙に浮いてしまった。たまたま、世界経済危機後の日本の不動産事情を調べる中でこの件を知った筆者は、外資による売却が一方的だとして異を唱える反対派の面々を取材することになった。

当日、約束したホテルのコーヒーハウスにいくと、そもそも取材を申し込んだ相手だけではなく、他に四、五人の男たちが、同席していた。いずれもこの不動産に関係しているブローカーなのだというが、そのなかの数人はかなり異様な雰囲気で、どう見ても堅気とは思えなかった。

もちろん、人を見かけで判断してはいけないし、そもそも、本文中で述べたように、最近の企業舎弟は一見すると普通のビジネスマンにしか見えないような人物が多い。

その意味でこの日同席したブローカーがその筋の人たちだったとすれば、かなり、〝昔気質《むかしかたぎ》〟だということになるだろう。いずれにせよ、闇勢力がその情報力を駆使して、金になりそうな案件を嗅《か》ぎつけては、迅速かつ貪欲《どんよく》にそれをむさぼっているのも事実であり、この日はその一端を垣間見《かいまみ》たような気がした。

元暴力団幹部の桁外《けたはず》れのマネーロンダリング

不動産に関連しては、次のようなこともあった。

これはリーマン・ショック以前、〇七年の終わりか〇八年の初め頃の話だったと記憶している。ちょっと妙な不動産取引があるのだと、知り合いの不動産会社の役員が教えてくれたのだった。

その物件は東京の副都心の駅から、十分ほど歩いたところにある古ぼけたオフィスビルだった。建物はそう大きくなく、しかもボロボロなのだが、敷地自体はかなり広い。

当時はすでにREITが暴落していた時期で、都心部の銀座などの一等地を除いては、地価も底打ちになっていた。にもかかわらず、この物件をある会社が相場より高い値でポンと買ったのだという。

この会社を仮にA社とする。このA社を調べたところ、カリブ海のタックスヘイブンに拠点を置くペーパーカンパニーだということが分かった。

しばらくして、B社という会社が現れて、さらにかなりの高値でこの物件を買い取った。B社は渋谷界隈《かいわい》にある一階がファーストフード店になっている雑居ビルの五階にオフィスを構えていたが、そこには人がいたりいなかったりの状況。会社登記によれば代表者はアジア系の外国人となっている。どう見ても数十億円単位の取引をするような企業ではないし、そもそも、そんな割高な値段で不動産を買い取ってどうするつもりなのだ——。

不動産関係者の間ではそう話題になっていたという。不動産会社の役員は、この取引の謎《なぞ》を解くヒントを求めて筆者の元を訪れたのだった。

「ハッキリ言って、マネーロンダリングでしょうね」

筆者はそう断言した。

つまり、A社もB社も同じ人物が支配する会社だということだ。不正蓄財などで海外に持ち出された資金を日本に持ち込みたいのだが、まさか普通に送金するわけにはいかない。そんなことをすれば、一発で金融当局の目にとまってしまうにちがいない。

そこで一計を案じたのだろう。まず、タックスヘイブンに投資ファンドを運用する会社としてA社を作り、そこがこの副都心の物件を買収する。次にB社がそれをさらに高値で買収すれば、差額はA社の運用するファンドの利益となる。出資者は投資のリターンとしてその利益を受け取り、決められた率の税金を納めれば、晴れてその資金は日本国内で自由に使えることになる。これで、マネーロンダリング成功というわけだ。

もちろん、筆者のこれまでの説明は、わかりやすいように単純化したもので、実際は高度な金融取引のテクニックや仕組みをいくつも咬《か》ました複雑なものである。

また、読者からは、仮に最初の不動産を三十億円で買いそれを四十億円で転売したとすれば、十億円をマネーロンダリングするために三十億円はさして役に立ちそうもない不動産購入に当てられることになり、効率が悪いのではないかという疑問の声が聞こえてきそうだ。

しかし、巨額の資金を不正蓄財して海外にプールしている者にとっては、税務当局の追及をかわせる資金はそれほどまでに貴重だということだ。実際、税務当局の監視と追及は厳しく、同時にそうやって調べられることが、これまでも多くの経済事件に司法が切り込む端緒となってきたのである。

さて、問題はこの取引の金主は誰かということだが、警察関係者、闇社会の事情に詳しい人々、不動産関係者、金融関係者など、各方面に聞いて歩いた結果、ある有力な暴力団幹部の資金らしいということが分かった。

巧妙な手口もさることながら、中規模の企業に匹敵するようなその資金力には改めて驚かされた。こうした経済力を背景に、長引く不況下の日本で、闇勢力はさらなる伸張を狙っているのである。

「富士通前社長辞任騒動」の深層

コンプライアンス（法令遵守《じゅんしゅ》）の企業への浸透とともに、「反社会的勢力」、すなわち「反社」という言葉も、よく耳にするようになった。反社とのつながりが、そのまま企業を窮地に立たせることにもなりかねないからだ。そのため企業側も反社に対して相当神経質になってきている実態がある。そんな中で一〇年に入ってある事件が注目を集めることとなった。

舞台となったのは日本を代表するＩＴ企業である富士通である。

同社では昨年九月に、当時の野副州旦《のぞえくにあき》社長が辞任。表向きの理由は「病気療養のため」ということだった。しかし、実際には反社との付き合いが疑われたために、事実上の解任に追い込まれたのだった。これだけでも驚くべきことだが、事態はその後、さらに予想外の展開を見せる。

年が明けた一〇年二月、野副氏は突如辞任の取り消しを求める書面を富士通側に送ったのだ。「虚偽の理由で辞任を迫られた」というのがその理由だった。

野副氏は社長として、富士通の子会社であるインターネットプロバイダー大手のニフティの売却を進めていた。この売却交渉のアドバイザーになっていたのがS社というコンサルティング会社だったが、S社および同社の系列でロンドンを拠点に運用されている投資ファンドが「反社」と関係があると指摘され、野副氏は辞任に追い込まれたのだった。

野副氏は当初、会社側の言い分を受け入れて、社長職から身を引いたものの、その後独自の調査などにより、会社側の指摘には根拠がないと確信し、前述した辞任取り消しの書面を送り、反撃に転じたのだった。

これに対して富士通側も三月に入って、野副氏辞任の経緯を公《おおやけ》にすることで対決姿勢を明確にした。

一流企業の前社長と会社側が全面対決という前代未聞の事態は、当然のことながら広く世間の関心を集めた。辞任劇にはなにやら闇勢力も関わっているらしいとなると、否《いや》が応《おう》でも関心は高まらざるを得ない。

しかし、結論から先に申し上げれば、Ｓ社およびその系列のファンドは反社ではないし、現在のところ反社と関係しているという証拠もない。

もっとも、だからと言って野副氏の主張が全面的に受け入れられるかと言えば、そう簡単なことではないだろう。そもそも解任劇の背景には〝富士通のドン〟と呼ばれ、長年にわたって院政を敷いてきた秋草直之《あきくさなおゆき》相談役と、その影響力を打破しようとした野副氏の内部抗争があったといわれているからだ。本書の趣旨からずれるので、この内紛劇についてこれ以上詳細に述べることはしない。ただ一つだけ言っておくと、この騒動は今後泥沼化し、長らく尾を引くことになる可能性が高い、というのが筆者の見解だ。

ただし、ニフティ売却に関しては、いくつか気になる点もある。富士通ほどの大企業ならば、このような大型のＭ＆Ａは主幹事証券や副幹事証券に任せるのが普通だからだ。ちなみに、富士通の主幹事は日興コーディアル証券、副幹事は野村證券とどちらも日本を代表する証券会社だ。

大事な取引になぜ、実体の見えないＳ社およびその系列ファンドを、わざわざ関与させたのだろうか。この点について、富士通の内情に詳しいある証券会社社員は次のように説明する。

「そもそも、秋草氏はニフティ売却に反対していた。野副氏としては自らのスタッフ、外部のファンドなどを使って、横槍《よこやり》が入る時間を与えず動こうとしたようだ」

しかし、そうだったとしても、S社というのはいささか筋が悪いと言わざるを得ない。

ＭＳＣＢ（転換価格修正条項付き転換社債型新株予約権付き社債）を用いた錬金術というのは本文中でも説明した。念のために要点だけ繰り返しておくと、株式への転換価格が決められている通常のＣＢ（転換社債）とは異なり、株価の下落にあわせて転換価格も下がり、また取得できる株数も株価の下落に比例して増えるのが、ＭＳＣＢの大きな特徴だ。

ほとんど無利子で多額の資金を得ることができるこの仕組みは、適正に運用されれば、企業再生の大きな切り札となる。しかし、一方で得体の知れない勢力が、空売りにより意図的に企業の株価を下げておいてからＭＳＣＢを行使して信用取引分を現物で返して濡れ手に粟《あわ》の大儲《おおもう》けをするという形で、錬金術として活用してきたことも事実なのだ。

件《くだん》のS社は、株価操作疑惑が囁かれ上場廃止となったIT企業や仕手銘柄と知られる機械メーカーなど、市場でも曰く付きの企業と接点を持っていた。そして、そうした企業が資金繰りに行き詰まったとき、MSCBの発行を持ちかけていたといわれている。

さらに、S社の系列ファンドに関しては、こんな話もある。このファンドの設立者A氏はかつてある消費者金融大手、武富士の創業者、武井保雄《たけいやすお》氏（故人）のプライベートバンカーを務めていたことがあるのだが、その時に海外に設立した投資会社を使って、一千億円を超える資産を一族間で譲渡するスキームをアドバイスしたというのだ。その目的は、巨額の贈与税を逃れるためだった。しかし、結局この件は税務当局に摘発され、現在、課税の妥当性をめぐる裁判が続いている。

また武富士の元幹部だった人物は、次のように語る。

「S社系列のファンドはそもそも、武富士の創業者の一族が海外に保有していた資産を現金化してロンドンに集め、その資金を元手に設立されたと聞いています」

武井保雄氏が晩年、盗聴事件で執行猶予《ゆうよ》付きの有罪判決を受けたことは広く知られている。もちろん、刑事罰を受けた人物の資産アドバイスをしていたからといって、そのこと自体が悪いというわけではない。きわどい節税のアドバイスにしても、それは税務当局との見解の違いだといわれれば、それまでだ。

しかし、富士通のような大企業が、こうした人物や会社に重要なM&A取引をまかせるというのは、かなり違和感があるというのが、筆者の正直な感想だ。

最後に一つ付け加えておくと、富士通を舞台にした今回の騒動の背景には、反社に過敏になっている証券業界の現状がある。証券会社はもちろん、特に敏感になっているのは証券取引所だ。

この十年余りの間、ベンチャー企業を育成するために、せっかくいくつもの新興市場を立ち上げられたにもかかわらず、その多くで株価操作を目的とした異常な取引が繰り広げられ、いくつもの経済犯罪の舞台となってしまった。その結果、新興市場は反社の巣窟《そうくつ》だという認識が広まって投資家が寄りつかなくなり、リーマン・ショック以降の不況とも相まって、市場の取引はまさに閑古鳥が鳴いている状況だ。

これに危機感を抱いた東証、大証などは、株式市場から反社を排除し、浄化を進めようと躍起になっているのである。

ところが、ここで問題なのは、そもそも反社の定義が極めて曖昧《あいまい》だということだ。当事者自身が暴力団関係者であるとか、会社の役員に暴力団の幹部が名を連ねているとか、組員が雇われているとか、そういう事実があればすぐに判定できるのだが、かつてとは異なり、そういうわかりやすいフロント企業はほとんど見られない。つまり、会社登記などを含めた外見上からはほとんど、判別がつかないというのが、正直なところだ。

もちろん、証券取引所にもある程度の情報がある。さらに、反社との取引のみならず、株価操作など異常な取引に関しては、リスク管理の一環として細かく分析・整理されている。逆に言えば、株価操作を疑われるような取引を行なったり、それに関わった人物やファンドは、反社ではないかと疑いをかけられることにもなりかねないのである。こうしたヒステリックな状態が続けば、そのことが投資家に敬遠されてしまう一因にもなりかねない。

反社に関して最大の情報を持っているのは警察である。警察庁は、日本証券業協会が構築を進めている反社情報のデータベースに、暴力団などに関する情報を提供することになったが、一一年度からスタートするというこのシステムによって、事態が改善するのかどうか、注目したい。

「金融大量破壊兵器」と化すブラックマネー

ただし、金融テクニックがますます高度化し、リーマン・ショック以後も市場のグローバル化は続いていることを考えると、そう安閑とはしていられないという意見もある。

二〇一〇年の春頃、亀井静香《かめいしずか》金融担当大臣（当時）と話した時のことだ。金融のグローバル化について意見を交換していて、何かのきっかけで亀井大臣がこんなことを言い出したのだ。

「金融庁の職員も優秀なんだが、投資銀行やヘッジファンドの連中は知識もテクニックも遥《はる》かに上なんだ。彼らの取引が合法、違法の検証すら困難だ。ましてや、ペナルティを科すなんてなお難しい」

ここで少し説明をしておくと、「投資銀行とは何か」と問われれば、少し金融の知識がある人は「法人、特に大手企業向けの証券会社」と答えるだろう。確かに、それで間違いではないのだが、筆者のように金融の世界をウォッチングしている人間から見れば、それは十年前の答えだと言わざるを得ない。

では、現在ではどう答えるべきかというと、人によっていろいろな見解があるだろうが、「証券会社の看板を付けたヘッジファンド」というのが、もっとも的を射ているのではないだろうか。

つまり、投資銀行もヘッジファンドも、あるいは中国や石油産油国などが作っている国家ファンドも、今やそれほどの違いはないというわけだ。自らの利益を最大化するために世界中を動き回り、次々と新たな投資の仕組みを考え出し、速やかにそれを実行していく。そういう「越境する投資主体」とでもいうべきものが、世界中で跳《ちょう》梁跋扈《りょうばっこ》している。リーマン・ショックの後、ファンド資本主義が強欲だとして否定された後も、こうした状況には変わりがないのが実状だ。

亀井大臣は現状の金融庁のスタッフでは、こうした越境する投資主体の担い手たちには、まるで歯が立たないと述べているのである。これは、かなり危機的な状況だといわざるを得ない。

米国投資界のカリスマ、ウォーレン・バフェットが「デリバティブ（金融派生商品）は金融大量破壊兵器だ」という警告を発したのは〇三年のことだった。それから、五年後の〇八年九月、彼の予言はリーマン・ショックとして現実のものとなった。米国の一投資銀行の破綻を、一気に世界的な金融危機へと拡大させたのは、当時デリバティブの花形として注目されていたCDS（クレジット・デフォルト・スワップ）だった。

CDSとは、利払い停止や元本回収不能など債務不履行のリスクに対する保証・保険を金融商品化したものだ。このCDSによる保証が、あの悪名高いサブプライムローンを急拡大させ、同時にこのローンが孕《はら》んでいたリスクを世界中に拡散させることとなった。そして、リーマン・ブラザーズの破綻により、このリスクが同時多発的に爆発するトリガーが引かれたわけである。

リーマン以後、世界各国の金融当局が、越境する投資主体に対する監視の目を強めているものの、実際どの程度の実効力があるのかは、大いに疑問だ。前述した亀井大臣の発言はこうした懸念を浮き彫りにするものだと言えよう。

こうした意味で、もはや金融工学は核技術と同じ次元の存在になっているといっても過言ではない。つまり、核技術が原子力発電などの平和目的に活用できる一方で核兵器をも生み出すのと同様に、金融工学についても様々なリスクを巧みにヘッジして投資家に利益をもたらす金融商品を生み出すのと同じ技術が、マネーロンダリングや投資家を食い物にする詐欺《さぎ》的な取引にも使えるというわけだ。

しかも、核技術は核兵器の拡散を防ぐためにIAEA（国際原子力機関）の厳重な監視下に置かれているのとは対照的に、金融工学が生み出すデリバティブに対しては監視システムがほとんど機能していないばかりではなく、取り締まる側がその仕組みさえも理解できないのである。結局、金融工学をよく使うか悪く使うかは、使う側の人間、つまり、ヘッジファンドのマネージャーの気持ち次第ということになる。

たとえば、実際にこんな金融商品も存在しうるのだ。

ある企業の創業者が持つ自社株を担保として資金を捻出してファンドを作る。このファンドではいくつもの取引を複雑に組み合わせることにより、この企業の株価が下がれば、その分だけこの創業者に利益が出るようになっている。いわゆる「仕組債」というものだが、果たして、この金融商品は合法なのだろうか。

初めてこの話を聞いたとき、筆者は直感的に「利益相反」になるから商法違反に当たるのではないかと考えた。しかし、この件を教えてくれた人物は、少なくとも取引として何の問題もない、ただ、企業経営者として道義的に許されるのかどうか、ジャーナリズムの立場から意見を聞きたいということだった。

結局、違法な取引ではないにしろ経営者としてのモラルを問われれば、その企業のダメージになるとして、この投資は見送られた。しかし、同じような仕組債を使った投資話が、他の企業経営者の元に持ち込まれている可能性は高い。

また、外資系の投資銀行では、ある部門が投資家に売った金融商品が下がることを見込んだ取引を、同じ会社の別の部門が手がけているという事例もしばしば見られることだ。これなども、道義的な問題、さらに時には違法性を含んでいることもあり、金融工学の二面性を物語る事例だと言えよう。

もちろん、多くのファンドは道徳や法律を遵守し投資家とのウィン・ウィン関係を築くことを目標としている。しかし、問題はそれが容易に反社会的な要素を含んだものに変化してしまうことだ。

依然として、「越境する投資主体」が跳梁跋扈する世界には、こうした負の部分が存在する。そして、闇勢力の資金、ブラックマネーは最新の金融工学がもたらすこうした負の領域と、極めて高い親和性を持っているのである。

この原稿を執筆している一〇年春現在、ギリシャ危機に端を発したユーロ暴落の嵐《あらし》が、世界経済に大きな影を落としている。今後、EUの動揺がリーマン・ショック後の二番底へとつながっていくのか、それともこのまま世界経済は持ちこたえるのか、予断を許さない状況は続いているが、いずれにせよどのような経済状況下においてもブラックマネーが消滅することはないだろう。既に相当な額が海外に滞留していることを考えれば、この先の経済情勢にかかわらず、そうした資金がヘッジファンドなどを通じて、日本の表社会の経済に、様々な影響を与えていく可能性は否定できないのである。

二〇一〇年七月

須田慎一郎

主要参考文献他

警察庁編纂『警察白書平成19年版』ぎょうせい
『日本経済タブーの教科書』宝島社
門倉貴史『マネーロンダリング―汚れたお金がキレイになるカラクリ』青春出版社
門倉貴史『日本「地下経済」白書―闇に蠢く23兆円の実態（ノーカット版）』祥伝社黄金文庫
佐藤優『国家の罠―外務省のラスプーチンと呼ばれて』新潮文庫
伊藤博敏『「欲望資本主義」に憑かれた男たち―「モラルなき利益至上主義」に蝕まれる日本』講談社
伊藤博敏『金融偽装―米国発金融テクニックの崩壊』講談社
平尾武史、村井正美『マネーロンダリング』講談社
日名子暁『世紀末裏商売ファイル』徳間文庫
田中森一『反転―闇社会の守護神と呼ばれて』幻冬舎アウトロー文庫
田中森一、佐藤優『正義の正体』集英社
水島愛一朗『村上ファンドの研究―巨大メディアを狙う「ヒルズ族」の野望』イースト・プレス

宮内亮治『虚構—堀江と私とライブドア』講談社
米田隆『世界のプライベート・バンキング［入門］』ファーストプレス
朝日新聞大阪社会部『イトマン事件の深層』朝日新聞社
日本経済新聞社編『ドキュメント イトマン・住銀事件』日本経済新聞社
共同通信社社会部『［野望の系譜］闇の支配者 腐った権力者』講談社プラスアルファ文庫
須田慎一郎『巨大銀行沈没—みずほ危機の検証』新潮文庫
須田慎一郎『長銀破綻—エリート銀行の光と影』講談社文庫
須田慎一郎『マネーゲーム崩壊—ライブドア・村上ファンド事件の真相』新潮社
日本経済新聞　朝日新聞　読売新聞　毎日新聞　産経新聞　夕刊フジ
「日経ビジネス」「週刊ダイヤモンド」「週刊エコノミスト」「週刊東洋経済」
「週刊金融財政事情」「週刊現代」「週刊ポスト」「週刊文春」「週刊新潮」

首相官邸ホームページ（http://www.kantei.go.jp/）
警察庁ホームページ（http://www.npa.go.jp/）
警視庁ホームページ（http://www.keishicho.metro.tokyo.jp/）
金融庁ホームページ（http://www.fsa.go.jp/）
証券取引等監視委員会ホームページ（http://www.fsa.go.jp/sesc/）
日本証券業協会ホームページ（http://www.jsda.or.jp/）

東京証券取引所ホームページ（http://www.tse.or.jp/）
ジャスダックホームページ（http://www.jasdaq.co.jp/）
全国銀行協会ホームページ（http://www.zenginkyo.or.jp/）
オリックスホームページ（http://www.orix.co.jp/）
スルガコーポレーションホームページ（http://www.suruga.com/）
アーバンコーポレイションホームページ（http://www.urban.co.jp/）

この作品は二〇〇八年十月新潮社より刊行された。

ブラックマネー
—「20兆円闇経済」が日本を蝕む—

新潮文庫　す－22－2

平成二十二年九月一日発行

著者　須《す》田《だ》慎《しん》一《いち》郎《ろう》
発行者　佐藤隆信
発行所　株式会社　新潮社
郵便番号　一六二—八七一一
東京都新宿区矢来町七一
電話　編集部(〇三)三二六六—五四四〇
読者係(〇三)三二六六—五一一一
http://www.shinchosha.co.jp

価格はカバーに表示してあります。

乱丁・落丁本は、ご面倒ですが小社読者係宛ご送付ください。送料小社負担にてお取替えいたします。

印刷・二光印刷株式会社　製本・株式会社植木製本所

ISBN978-4-10-128352-4 C0195